本书由现代服务业河南省协同创新中心与河南财经政法大学政府经济发展与社会管理创新研究中心共同资助出版

河南省能源互联网发展研究

华小鹏 等◎著

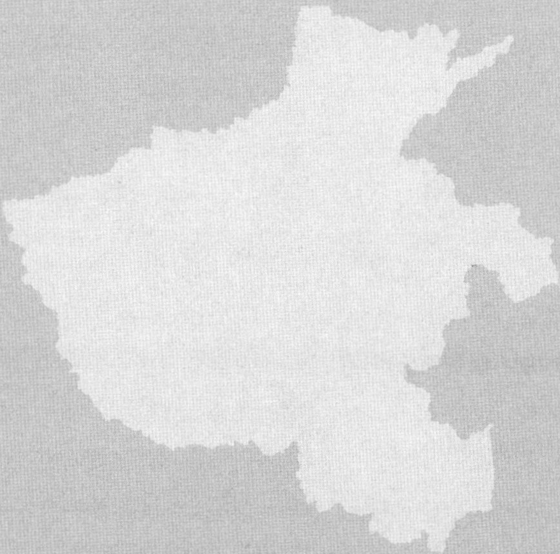

HENANSHENG NENGYUAN HULIANWANG
FAZHAN YANJIU

中国经济出版社
CHINA ECONOMIC PUBLISHING HOUSE
北 京

图书在版编目（CIP）数据

河南省能源互联网发展研究/ 华小鹏等著.
—北京：中国经济出版社，2018.7
ISBN 978-7-5136-5275-9

Ⅰ.①河… Ⅱ.①华… Ⅲ.①互联网络—应用—能源发展—研究—河南 Ⅳ.①F426.2-39

中国版本图书馆 CIP 数据核字（2018）第 150490 号

责任编辑 杨 莹
文字编辑 郑潇伟
责任印制 巢新强
封面设计 久品轩

出版发行 中国经济出版社
印 刷 者 北京富泰印刷有限责任公司
经 销 者 各地新华书店
开 本 710mm×1000mm 1/16
印 张 12.25
字 数 180 千字
版 次 2018 年 7 月第 1 版
印 次 2018 年 7 月第 1 次
定 价 58.00 元
广告经营许可证 京西工商广字第 8179 号

中国经济出版社 **网址** www.economyph.com **社址** 北京市西城区百万庄北街 3 号 **邮编** 100037

内容简介

通过互联网技术将分散在不同区域的能源收集设备有效地联结起来组成能源互联网，将改变传统的用能依赖和消费模式，促进可再生能源的广泛应用，缓解全球气候变化压力。河南省是第五经济大省和能源消费大省，互联网用户总数居全国第6位，50兆以上宽带用户占比达到97.4%，居全国第1位，河南省能源互联网发展面临着重大机遇。本书立足于河南省、面向全国，通过梳理能源互联网产生的国内外背景、表现特征、发展模式、技术架构和国际比较，对河南省能源互联网发展的机遇与挑战、技术与设施等相关内容展开研究，最后明确指出河南省发展能源互联网的体制机制保障措施。本书的出版为推动河南省及其他地方能源互联网的发展提供政策参考，也在一定程度上丰富了能源互联网的研究内容。

目 录

第一章　绪　论

美国趋势经济学家杰里米·里夫金（Jeremy Rifkin，2012）在《第三次工业革命》中首先提出能源互联网的概念，此后这一新的运营技术逐渐风靡全球。能源互联网是综合运用先进的电力电子技术、信息技术和智能管理技术，将大量由分布式能量采集装置、分布式能量储存装置和各种类型负载构成的新型电力网络、石油网络、天然气网络等能源节点互联起来，以实现能量双向流动的能量对等交换与共享网络。从政府管理者角度来看，能源互联网兼容传统电网，可以充分、广泛和有效地利用分布式可再生能源、满足用户多样化电力需求的一种新型能源体系结构；从运营者视角来看，能源互联网是能够与消费者互动、存在竞争的一个能源消费市场，只有提高能源服务质量，才能赢得市场竞争；从消费者视角来看，能源互联网不仅具备传统电网所具备的供电功能，还为各类消费者提供了一个公共的能源交换与共享平台。能源互联网依托第三次工业革命将互联网技术与可再生能源相结合，在能源开采、配送和利用上从传统的集中式转变为智能化的分散式，从而将全球的电网变为能源共享网络。

能源互联网概念的提出并不是无中生有，而是具有深刻的时代背景，近年来国内外能源发展面临着能源结构不合理、能源供需不平衡、资源环境不协调等强大压力，再加上第三次工业革命的推动，从而为实现互联网与可再生能源的联合、融通提供了技术上的可能。能源互联网的实现为解决全球能源危机和资源环境压力提供了新的战略思路和宏伟的发展蓝图。

第一节 世界能源发展现状

一、能源供需区域发展不平衡

随着能源生产技术的不断提高，世界能源终端消费量持续增长。如图 1-1所示，2000 年世界能源消费量达到 7040. 85 百万吨标准油，到 2014 年达到 9424. 69 百万吨标准油。但是能源的区域消费能力差异较大，比如中国和美国能源消费量占世界消费量比例在 2014 年分别达到 21. 09%和 16. 31%，而同期的以色列、瑞士、瑞典的能源消费量占世界消费量的 0. 15%、0. 2%和 0. 34%。区域能源消费不均衡与该地区的经济发展水平、能源消费模式以及人口数量具有紧密联系。一般来说，一个地区的经济越发达，该地区的能源消费水平越高，因此在一定程度上，区域能源的消费能力代表着该区域对资源的占有利用能力。

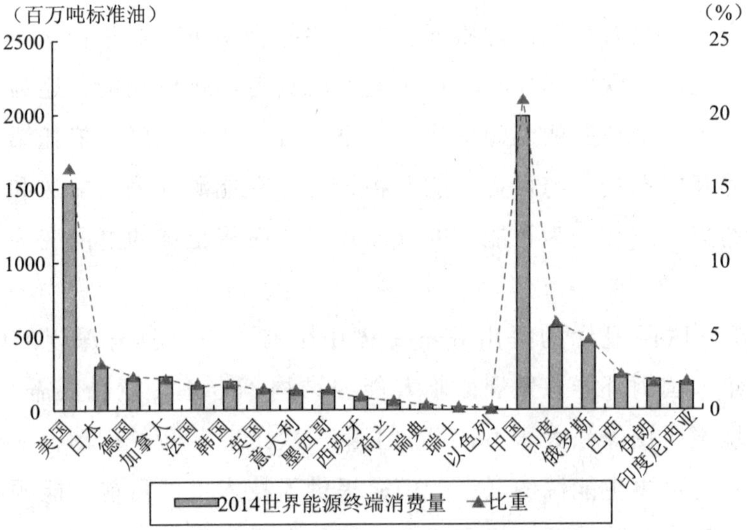

图 1-1 2014 年世界能源终端消费量及比重

数据来源：BP. 2015 年 BP 世界能源统计

从人均能源供给量来看，加拿大、美国、沙特阿拉伯的人均供给量最大，在2014年分别达到人均7.88、6.94、6.91吨标准油。OECD国家的人均能源供给量高达4.16吨标准油/人，而非OECD国家的人均能源供给量仅为1.35吨标准油/人。从变化的角度来看，世界人均能源供给从1973年的1.56吨标准油上升到2014年的1.89吨标准油，表现出平稳的上升趋势。但是从区域差异来看，美国呈现出下降状态，人均能源供给量从1973年的8.16吨标准油下降到2014年的6.94吨标准油，而韩国、中国、巴西、印度等国家人均能源供给量却呈现上升状态，这表明新兴国家的崛起提高了世界能源供给水平。

表1-1 人均能源供给量单位 单位：吨标准油/人

年份 国家和地区	1973	1980	1990	2000	2005	2010	2013	2014
世界	1.56	1.63	1.66	1.64	1.77	1.87	1.89	1.89
OECD合计	4.07	4.13	4.23	4.59	4.62	4.38	4.22	4.16
加拿大	7.09	7.83	7.63	8.27	8.42	7.79	7.73	7.88
美国	8.16	7.93	7.66	8.05	7.83	7.15	6.89	6.94
比利时	4.73	4.74	4.81	5.67	5.56	5.55	5.02	4.73
澳大利亚	4.19	4.70	5.03	5.65	5.60	5.76	5.44	5.30
瑞典	4.77	4.87	5.51	5.36	5.71	5.43	5.15	4.97
韩国	0.63	1.08	2.17	4.00	4.37	5.06	5.25	5.32
荷兰	4.61	4.55	4.40	4.74	4.99	5.03	4.60	4.33
法国	3.38	3.48	3.85	4.14	4.29	4.02	3.84	3.67
德国	4.24	4.56	4.43	4.13	4.14	4.07	3.94	3.78
日本	2.94	2.94	3.55	4.08	4.06	3.89	3.57	3.48
瑞士	2.94	3.14	3.59	3.45	3.47	3.33	3.30	3.06
英国	3.88	3.52	3.60	3.79	3.69	3.23	2.99	2.78
以色列	2.37	2.02	2.46	2.89	2.65	3.04	2.87	2.76
意大利	2.18	2.32	2.58	3.01	3.20	2.90	2.56	2.41
西班牙	1.46	1.78	2.29	3.01	3.25	2.74	2.51	2.47
墨西哥	0.92	1.35	1.42	1.49	1.67	1.53	1.62	1.57
非OECD合计	0.73	0.86	0.96	0.90	1.07	1.26	1.34	1.35

续表

国家和地区＼年份	1973	1980	1990	2000	2005	2010	2013	2014
沙特阿拉伯	1.08	3.14	3.55	4.57	4.95	6.60	6.36	6.91
俄罗斯	—	—	5.93	4.22	4.54	4.82	5.08	4.94
中国台北	0.85	1.57	2.36	3.87	4.50	4.82	4.64	4.71
伊朗	0.67	0.98	1.23	1.87	2.46	2.75	2.86	3.03
南非	2.08	2.37	2.58	2.48	2.71	2.79	2.63	2.72
委内瑞拉	1.51	2.13	1.99	2.09	2.10	2.50	2.27	2.20
中国香港	0.75	0.91	1.51	2.04	1.85	1.95	1.94	1.97
阿根廷	1.41	1.49	1.41	1.66	1.71	1.91	1.95	2.02
中国	0.48	0.61	0.77	0.90	1.39	1.96	2.21	2.24
泰国	0.39	0.46	0.74	1.15	1.50	1.77	2.01	1.99
巴西	0.79	0.93	0.93	1.07	1.14	1.34	1.44	1.47
埃及	0.22	0.35	0.57	0.59	0.82	0.88	0.86	0.84
印度尼西亚	0.31	0.38	0.54	0.74	0.80	0.88	0.87	0.89
印度	0.27	0.29	0.35	0.42	0.45	0.56	0.61	0.64

数据来源：BP. 2015 年 BP 世界能源统计

如果用能源供给缺口（能源供给量减去能源消费量）来表示某地区的能源供需不平衡，如果某地区的能源供给缺口为负数，则表示该地区能源消费量大于能源供给量，该国家或地区需要从其他区域进口等量的能源产品；如果某地区的能源供给缺口为正数，表示该地区能源消费量小于能源供给量，该国家或地区的能源产品可以出口到其他地区。从图 1-2 可以看出，2014 年日本是能源供给负缺口最大的国家，其次是韩国、德国和意大利等土地面积较小、资源相对匮乏的国家。而缺口为正的国家或者地区为俄罗斯、中国、沙特阿拉伯、美国等资源相对丰富的国家。

正是由于能源资源分布的不平衡和能源供给缺口的存在，经济比较发达且资源相对贫乏的国家对能源进口产生强大的需求动力，这种缺口效应的存在对世界能源市场产生三方面的影响：一是促进世界能源供需一体化、全球化，保证国际能源贸易活动的持续进行；二是能源需求国迫切要求世界能源市场能够持续稳定地提供源源不断的能源产品；三是由于能源市场不确定性，容易受到能源品种的市场供给和国际政治经济环境波动的影响，导致世界能源需求国供给保障体系非常脆弱，严重影响能源需求国的能源安全，因此，能源需求国一直积极寻求可靠、有效的能源供给体系，并致力于能源技术的突破和创新，试图改变传统的能源供给模式，利用信息化平台来实现能源的高效利用和区域的优化配置，这为能源互联网的发展提供了肥沃的土壤环境。

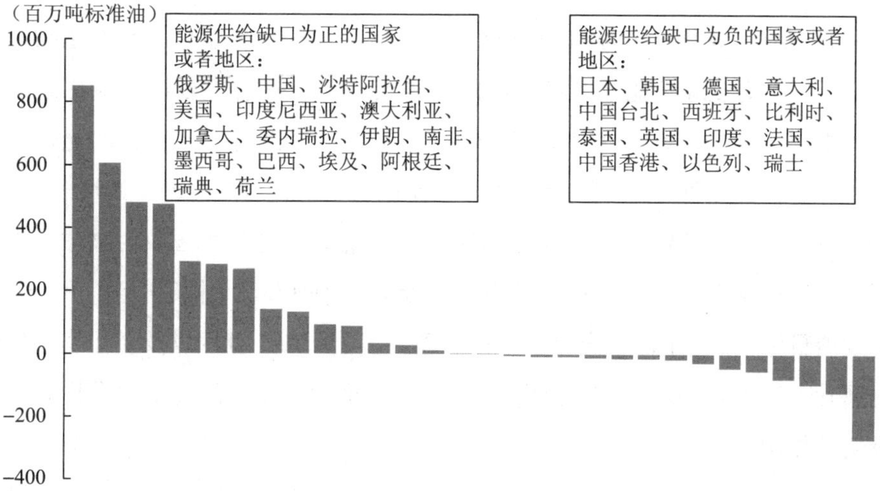

图 1-2　2014 年世界能源供给缺口

数据来源：BP. 2015 年 BP 世界能源统计

二、新能源发展引导能源新动向

全球能源发展经历了从薪柴时代到煤炭时代，再到油气时代、电气时代的演变过程。目前，世界能源供应以化石能源为主，有力支撑了经济社会的快速发展，但化石能源的燃烧对环境危害日益严重的事实成为全球能源发展的重要议题。为适应未来能源发展需要，水能、风能、太阳能等清洁能源正在加快开发和利用，在保障世界能源供应安全、促进能源清洁化发展中，将发挥越来越重要的作用。

进入21世纪以后，风能、太阳能等清洁能源发展迅猛。2000—2013年，全球风电发电装机容量由1793万千瓦到3.2亿千瓦，增长了17倍，年均增长率达到24.8%，而太阳能发电装机容量由125万千瓦增长到1.4亿千瓦，增长了111倍，年均增长率达到43.7%。但由于基数小，风能、太阳能等非水可再生能源比重仍然较低，占全球一次能源供应总量的2.2%。

2015年，全球新能源产业新增装机容量创新高，达至131.7千兆瓦，融资总额也创纪录地达到3288.8亿美元。其中，亚太仍是全球新能源产业最活跃地区，中国融资额约为1105.2亿美元，继续位居全球首位，其次是欧洲和美国，三者占全球新能源融资总额的比重近90%。在各类新能源应用规模方面，中国、日本和美国分别以17千兆瓦、13.5千兆瓦、8千兆瓦的光伏新增装机容量，继续处于全球光伏发电市场的主导地位。在新能源汽车领域，2015年中国销量33.1万辆，同比增长3.4倍，首次超越美国成为全球最大的新能源汽车生产国。截至2016年年初，全球已有173个国家制定了可再生能源发展目标，146个国家出台了支持政策。多个城市、社区以及企业率先展开迅速壮大的“100%可再生能源”行动，这在推动全球能源转型中发挥着至关重要的作用。

全球开发的新能源种类主要包括太阳能、核能、风能、氢能等。各种类型的能源特点如下：

（1）太阳能。一般指太阳光的辐射能量。太阳能的主要利用形式有太阳能的光热转换、光电转换，以及光化学转换三种主要方式。广义上的太阳能是地球上许多能量的来源，如风能、化学能、水的势能等由太阳能导致或转化成的能量形式。利用太阳能的方法主要有：太阳能电池，通过光电转换把太阳光中包含的能量转化为电能；太阳能热水器，利用太阳光的热量加热水，并利用热水发电等。太阳能清洁环保、无任何污染、利用价值高，属于可再生能源，这些优点决定了其在能源更替中的不可取代的地位。无论是家庭还是企业，都能处处接触并使用太阳能，但大规模开发的成本高，所以目前不能作为主要能源使用。

（2）核能。核能发电的能量来自核反应堆中可裂变材料（核燃料）进行裂变反应所释放的裂变能。实现链式反应是核能发电的前提。核能发电优点：①核能发电不会造成空气污染。②核能发电不会产生加重地球温室效应的二氧化碳。③核能发电所使用的铀燃料，除了发电外，没有其他的用途。④核燃料能量密度比起化石燃料高上几百万倍，故核能电厂所使用的燃料体积小，运输与储存都很方便，一座1000百万瓦的核能电厂一年只需30吨的铀燃料，一个航次的飞机就可以完成运送。⑤核能发电的成本中，燃料费用所占的比例较低。核能发电是一种相当理想的新能源，但由于技术要求高，危险性大，目前发展仍然受到制约。

（3）风能。风能是太阳辐射下流动所形成的。风能与其他能源相比，具有明显的优势，它蕴藏量大，是水能的10倍，分布广泛，永不枯竭，对交通不便、远离主干电网的岛屿及边远地区尤为重要。目前，风能最常见的利用形式为风力发电。风力发电目前有两种思路，水平轴风机和垂直轴风机。水平轴风机目前应用广泛，为风力发电的主流机型。截至2009年年底，全球累计装机容量已经达到了1.59亿千瓦，2009年全年新增装机容量超过3000万千瓦，涨幅31.9%。从累计装机容量看，美国已累计装机3516万千瓦，稳居榜首。中国为2610万千瓦，位列全球第二。

（4）氢能。氢是宇宙中分布最广泛的物质，它构成了宇宙质量的75%，因此，氢能被称为人类的终极能源。水是氢的大"仓库"，如把海水中的氢全部提取出来，将是地球上所有化石燃料热量的9000倍。氢的燃烧效率非常高，只要在汽油中加入4%的氢气，就可使内燃机节油40%。目前，氢能技术在美国、日本、欧盟等国家和地区已进入系统实施阶段。美国政府已明确提出氢计划，宣布今后四年政府将拨款17亿美元支持氢能开发。美国计划到2040年每天将减少使用1100万桶石油，这个数字正是现在美国每天的石油进口量。因此，氢能发展前景十分大，有望成为取代化石燃料的新能源。

（5）生物质能。生物质能（又名生物能源）是利用有机物质（例如植物等）作为燃料，通过气体收集、气化（化固体为气体）、燃烧和消化作用（只限湿润废物）等技术产生能源。只要适当地执行，生物质能也是一种宝贵的可再生能源，但要看生物质能燃料是如何产生出来。地球上的生物质能资源较为丰富，而且是一种无害的能源。地球每年经光合作用产生的物质有1730亿吨，其中蕴含的能量相当于全世界能源消耗总量的10~20倍，但目前的利用率不到3%。目前，全球范围正在炒作用玉米、小麦、食糖等粮食来制造汽油等能源来满足日益增长的需求，以及过高成本带来的过高价格。

21世纪可再生能源政策网络（REN21）发布《2017年全球可再生能源现状报告》①，作为对可再生能源发展现状最全面的年度总结，《报告》指出，2016年可再生能源电力新增容量再创新高，达到161吉瓦（GW）。全球累计装机近2017GW，较2015年增幅约9%。其中，太阳能光伏在年新增电力容量中占比最高，约为47%；其次为风电，占比为34%；水电占比为15.5%。可再生能源正成为最具成本优势的选择（经济世界，2017）。可见，可再生能源目前已在全球许多国家牢固地树立了其作为具有竞争力的主流能源的地位。据国际能源署IEA《World Energy Outlook 2017》的预测显示，如图1-3所示，2000—2016年新能源年均增长达到120GW以上，远远超过其他化石能源，到2017—2040年均增长160GW以上，而煤炭、天然气等化石能源还未到50GW（IEA，2017）。

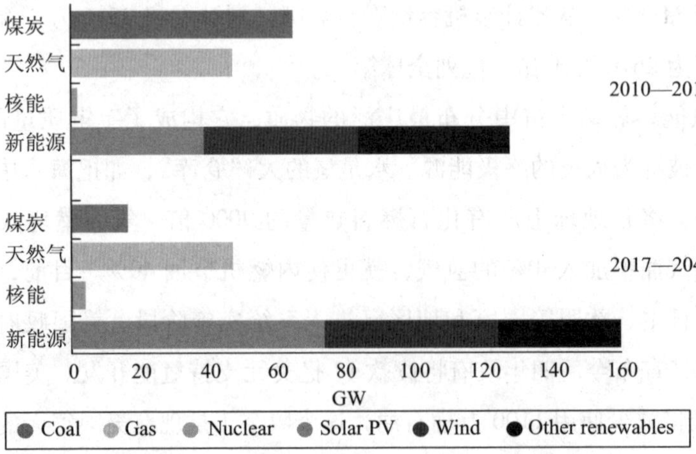

图1-3　不同能源品种的全球平均净增加值

资料来源：http：//www. iea. org/weo2017/

① 英文版《2017年全球可再生能源现状报告》的网址为：http：//www. ren21. net/wp-content/uploads/2017/06/178399_ GSR_ 2017_ Full_ Report_ 0621_ Opt. pdf

三、国际能源贸易运输压力增大

能源是人类社会发展的重要基础资源。但由于世界能源资源产地与能源消费中心相距较远，特别是随着世界经济的发展，世界人口的剧增和人民生活水平的不断提高，世界能源需求量持续增大，由此导致对能源资源的争夺日趋激烈、环境污染加重和环保压力加大。

目前，全球能源贸易以化石能源为主，化石能源生产和消费分布的不均衡，需要能源资源在世界范围内优化配置。根据《2017 年 BP 世界能源统计》（BP，2017），如图 1-4 所示，全世界剩余石油探明储量 1996 年为 1.1488 万亿桶，2006 年达到 1.3883 万亿桶，到 2016 年增加至 1.7067 万亿桶。但是石油资源的分布主要集中在中东地区，在 1996 年探明储量占比 58.7%，到 2016 年下降到了 47.7%，但仍然是世界最大的石油生产地区。而人口密集的亚太地区占比还不到 5%。亚太、北美和欧洲的需求缺口都比较大。

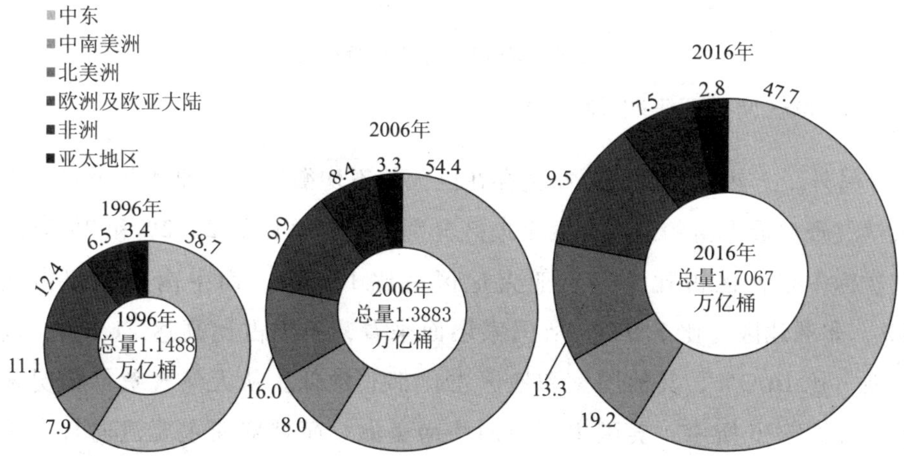

图 1-4 1996—2016 年全世界剩余石油探明储量

资料来源：BP. 2017 年 BP 世界能源统计

从石油资源的贸易来看，如图 1-5 所示，中东地区大部分流向了石油需求量大国，比如中国、印度和非洲地区。随着世界一些地区能源资源的相对枯竭，世界各地区及国家之间的能源贸易量将进一步增大，能源运输需求也相应增大，能源储运设施及能源供应安全等问题将日益受到重视。

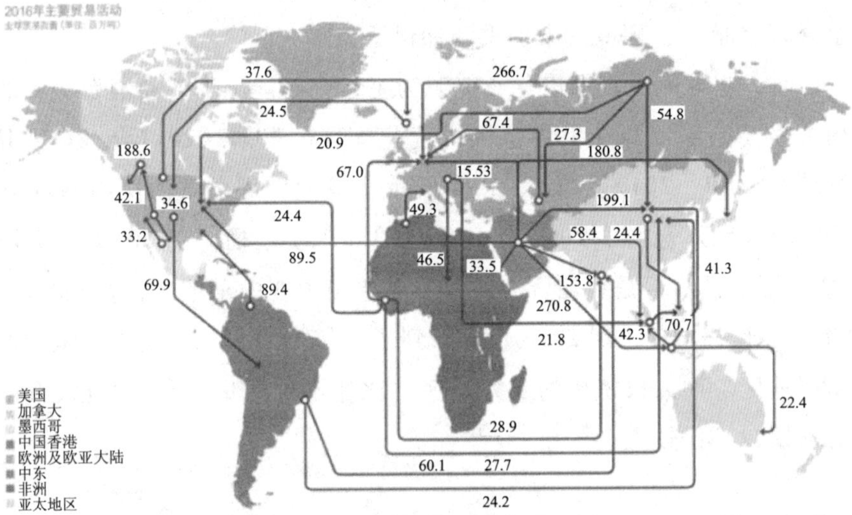

图 1-5　区域石油探明储量分布

资料来源：BP. 2017 年 BP 世界能源统计

另外，天然气资源的分布也存在巨大的不均衡性。欧洲和北美是世界天然气资源最丰富的地区，两个地区分别占世界总量的 28. 2%和 26. 7%，其次为中东地区占比 18%，亚太地区占比 16. 3%。而中南美洲仅占比 5%，非洲地区占比 5. 9%。从国家层面来看，美国占比高达 21. 1%，俄罗斯占比 16. 3%，其他国家和地区占比都非常低。从天然气贸易情况来看，如图 1-6 所示，美国主要流向中南美洲，而俄罗斯主要流向日本等亚太地区。

全球贸易总额（亿立方米）

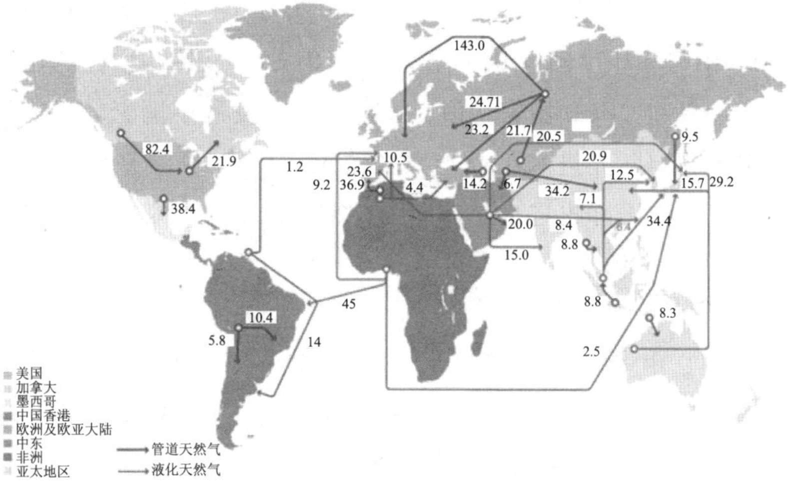

图 1-6　2016 年天然气主要贸易流向

资料来源：BP. 2017 年 BP 世界能源统计

受电网输电能力等因素限制，目前电力运输主要以国内和区域内平衡为主，跨国跨洲电力贸易规模较小，按热值当量计算，仅为全球化石能源贸易量的 1.3%。目前，石油是全球贸易量最大的能源品种。随着海运、铁路、油气管网等能源运输网络的逐步建立与完善，跨国跨洲能源贸易流量逐渐增大。因此，建立跨国跨区域的全球能源输送通道，实现能源供给和需求的相对平衡日益成为国际关注的热点话题。尤其是随着全球清洁能源供给增多，实现全球范围内的多能互补和能源贸易将会成为能源全球化和高效利用的重要途径，这也为能源资源的互联互通提供了坚实的现实基础。

第二节　中国能源发展状况

一、经济发展对化石能源过度依赖

能源强度指的是生产单位 GDP 所需的能源量，国际上多采用吨标准油（toc）/千美元为其计算单位。按 2011 年 IEA 发布的能源强度数据：世界值为 0.31，经合组织国家（OECD）为 0.18，美国为 0.19，日本为 0.10，中国和印度同为 0.77，巴西为 0.28。显然，中国的能源强度明显高于世界和 OECD 国家均值，亦高于不少发展中国家。目前，中国的能耗水平与国际先进水平尚有很大差距，尽管 20 年来中国主要高耗能产品的单耗与国际先进水平的差距在逐渐缩小，但是总体上主要工业产品的单耗水平仍比国际先进水平大约高出 30%以上（郎一环等，2006）。

2010 年，中国 GDP 占世界 9.3%（按汇率计算），而能源消费却占世界的 20.5%，成为世界第一能源消费大国。据 IEA 估算，2016—2040 年欧洲、美国和日本等国家能源需求量持续下降，而中国的能源需求量却增加 790 百万吨油当量，成为除了印度以外第二能源需求量大国，如图 1-7 所示。

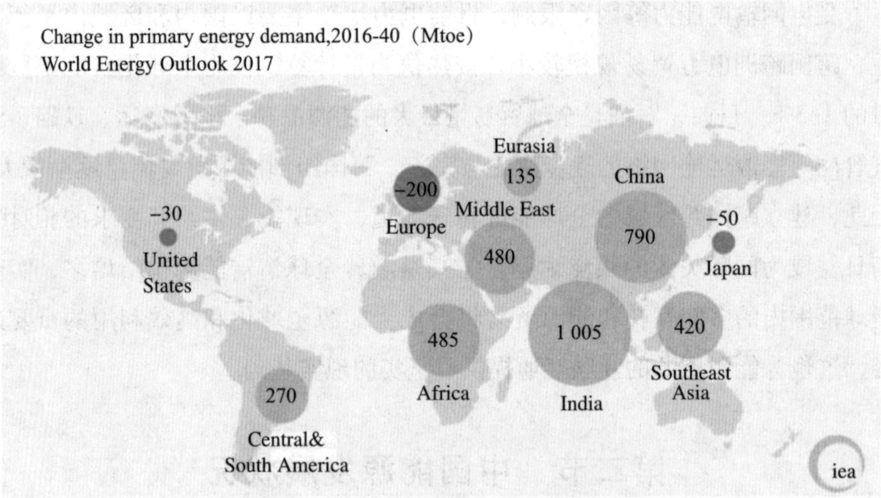

图 1-7 2016—2040 年世界能源需求量

注：Mtoe 表示百万吨油当量。

资料来源：http：//www. iea. org/weo2017/#section-1-11

二、能源消费结构不合理

如图 1-8 所示，中国的化石能源比重占 89.1%，美国占比 86.3%，日本占比 93%，OECD 占比为 82.1%，非 OECD 占比 89.4%。虽然总体上看差异不大，但是如果仅仅观察煤炭比重，中国高达 66%，远远高于其他发达国家，也高于世界平均水平（30%）、OECD 国家和非 OECD 国家。

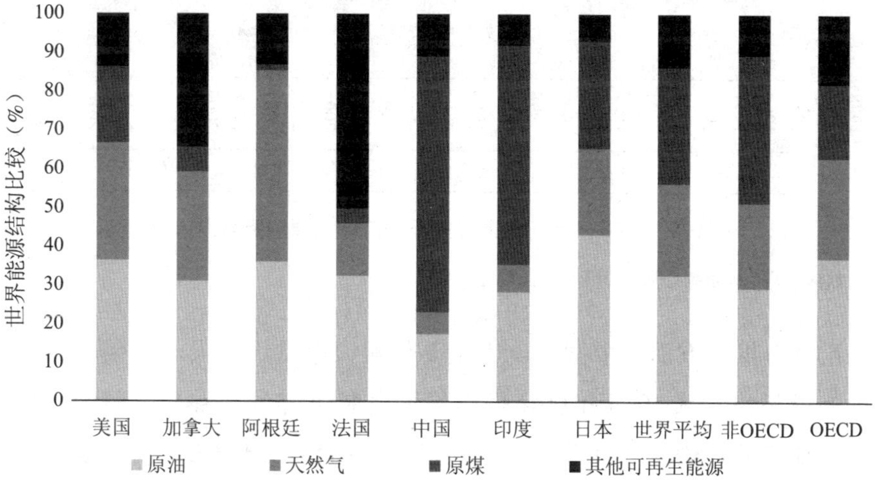

图 1-8 2016 年世界主要经济体能源消费结构比较

数据来源：BP. 2017 年 BP 世界能源统计

从时间变化上来看，如图 1-9 所示，中国的能源消费中的煤炭比重从 1978 年的 70.7%，下降到 2014 年的 66%，而天然气和其他能源呈现上升趋势。但是中国的能源结构仍未实现优化调整，大量的煤炭开采和消费对资源环境造成了很大的压力。直到今年由于国家对产能过剩行业进行整顿调整，煤炭需求在内外交困状态下开始下降。中国能源消费结构内部出现不协调，加大了经济发展对资源和能源的攫取和依赖，从而造成了严重的环境污染。

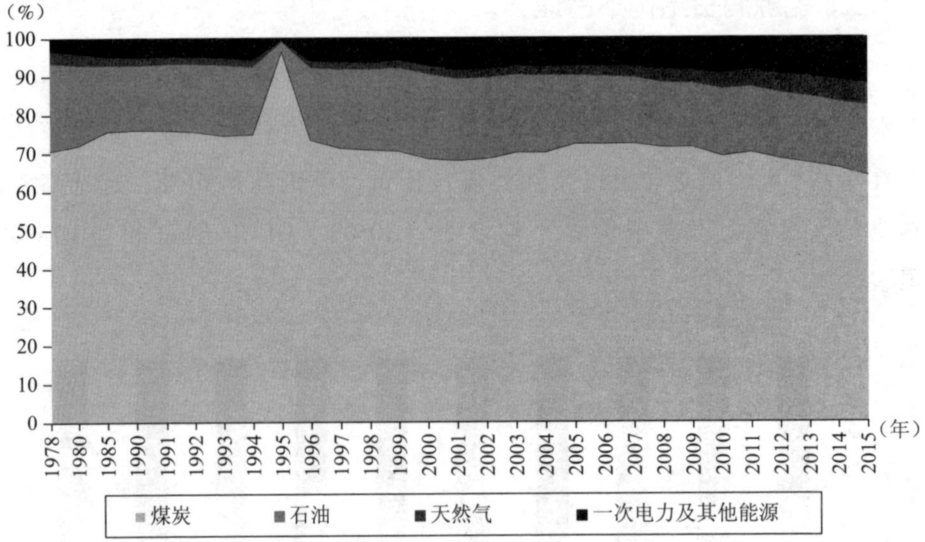

图 1-9　1978—2015 年世界主要经济体能源消费结构比较

数据来源：国家统计局，2017 年中国统计年鉴

在电力供给方面，中国的电力主要依赖火电供给，火电的装机容量规模大，增长快，从 2015 年已经投产的发电装机容量来看，中国的一些省份，例如新疆、山东、江苏、广东、河南、山西、内蒙古的发电装机容量均高于美国平均值。其中，新疆累计装机容量达到 32655 兆瓦，是美国的近两倍（绿色和平组织，2016）。火电行业的大规模、长期持续发展加大了中国的能源结构清洁化的难度。如图 1-10 所示，大部分地区的火电发电比例高达 90%以上，只有个别地区如四川、云南、青海、湖北、湖南等地区的水电比例较高，而风电分布在内蒙古、辽宁、吉林、宁夏、新疆等地区，但是占比较小。

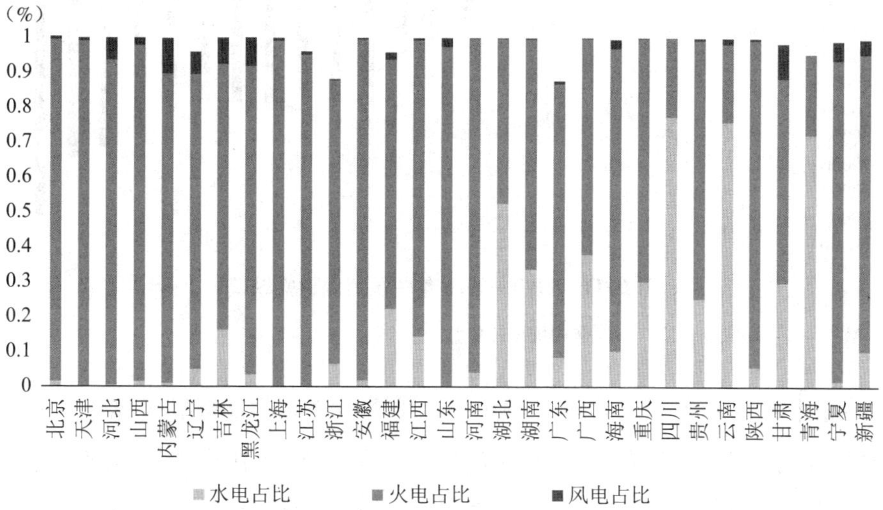

图 1-10 2013 年中国各区域的电力供给来源

数据来源：2014 年中国能源统计年鉴

三、能源供需缺口较大

中国能源增速明显高于世界均值。2001—2010 年间中国能源消费年增率达 11.6%，而同期世界均值仅为 2.8%。与发展中国家印度同期值 5.3%相比，中国也比其高一倍多，而以欧盟和美国为代表的发达国家这 10 年的能源总量增长停滞、甚至有所下降。如 2010 年美国能源消费总量为其 2000 年值的 99.93%。2000—2010 年间，中国和印度能源总量的增加值分别占世界能源消费增量的 56.3%和 7.3%，而美国消费量增量却为世界的-1.7%。这样中国能源总量在世界的份额就由 2000 年的 9.0%提高到 2005 年的 15.0%和 2010 年 20.5%（中国干部论坛，2012）。中国能源消费需求不断上涨，能源供应量的增速难以满足能源消费的需要。

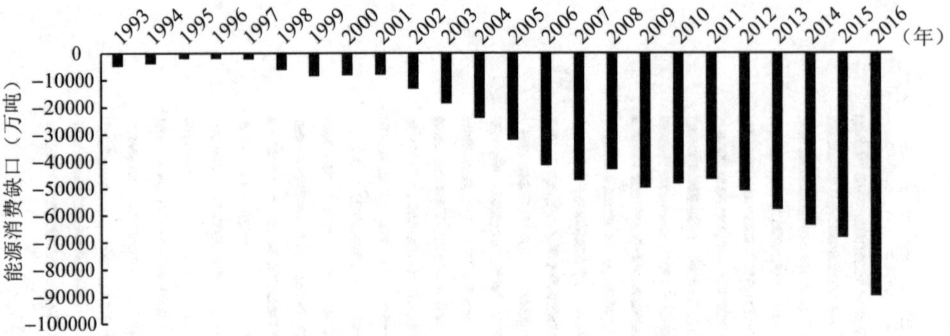

图 1-11　1993—2016 年中国能源供需缺口

数据来源：国家统计局，2017 年中国统计年鉴

如图 1-11 所示，2000 年以前中国的能源生产基本能够满足能源的需求，2001 年以后国内的能源需求缺口不断增大，到 2009 年中国的能源缺口约达到 50000 万吨标准煤，到 2016 年缺口达到 90000 万吨标准煤。未来中国缺口将会越来越大，据专家预测，中国国内能源的缺口量 2030 年约为 215×108 吨标准煤，到 2050 年约为 416×108 吨标准煤。能源供需缺口的增长对中国能源安全提出了挑战。

四、清洁能源发展受阻

近年来，在环境污染、气候变化以及能源革命的多重因素影响下，清洁能源在中国发展势头迅猛。数据显示，“十二五”期间中国累计新增非石化能源装机 2.7 亿千瓦，2015 年年末，非化石能源发电装机 5.3 亿千瓦，占全国总装机比重由 2010 年的 25%提高到 2015 年的 34%，非化石能源消费比重由 2010 年的 8.6%提高到 2015 年的 12%。

然而另一方面，国内的清洁能源风电和光伏发电的利用率却未得到有效提高，尤其在风能、光能最丰富的西北地区。国家能源局发布的《2015 年度全国可再生能源电力发展监测评价报告》中数据表明，2015 年中国弃风形势严峻，全国弃风电量 339 亿度，同比增加 213 亿度，其中，甘肃弃风电量 82 亿度，弃风率 39%；新疆弃风电量 70 亿度，弃风率 32%；吉林弃风电量 27 亿度，弃风率 32%；内蒙古弃风电量 91 亿度，弃风率 18%。光伏发电也未能幸免。甘肃弃光电量26亿度，弃光率31%；新疆弃光电量18亿度，弃光率26%。2016年上半年，新疆弃风率达43.9%，弃光率达31.8%，分别同比上升16个百分点和15.7个百分点。半年的弃风弃光量已经相当于2015年全年的弃风弃光量，甚至超过了2015年全国新增用电量。

弃风弃光背后的原因众多，主要有以下几点：

（1）电能普遍过剩。由于火电企业的装机容量居高不下，中国的各地区的火电出现严重过剩。特别是西部地区经济发展相对滞后、电力需求不足、电力市场狭小，另一方面却是新能源比较富足，尤其是近年来的爆发式增长，这就必然导致新能源消纳上的矛盾。比如截至2015年年底，甘肃省内装机4642万千瓦，而省内用电负荷只有1300万千瓦左右。甘肃装机容量与用电负荷之比大约为4∶1，电力市场严重过剩，就地消纳能力有限，弃风弃光在所难免。

（2）地方保护主义。煤炭以及发电企业是地方政府稳定的税收来源，由于地方产业的路径依赖效应，地方政府为了保护本区域的电力企业，难以接受西部地区输送来的清洁电力资源。中国能源经济学家林伯强认为西部是新能源大省，但东部工业发达地区也有很多煤电企业。由于各地区充足的电力供给，如果减少火电厂的运营时间，火电企业将面临亏损状态，因此，在电力市场已经饱和的情况下，地方政府为了地区的经济发展，只能优先使用本区域的电力，而非引进其他地区的电力。

（3）电网输送能力有限。中国的电网大部分还是传统电网，没有实行超高压输送，还缺乏相应的技术支持。由于风力和光伏发电的电量供给不稳定，储能设施落后，导致电网技术难以实现大规模、稳定的输送能力。比如青海、宁夏等风力发电、光伏发电的地方，一般都是在地广人稀、自然条件恶劣的地方，加剧了建设输电电网的难度，众多电站无法上网，导致一些电站被抛弃的比例增高。

总之从技术到管理方面的落后导致中国的新能源发展缓慢，如果清洁能源要想得到高效利用，需改变、改革甚至革命传统电力规划、生产、传输、调度和用电方式。按照电源—电网—储能—用电全产业链条综合发展原则，对风光等可再生能源发电和各级电网统一规划、设计、建设。目前，中国可再生能源发电设备的性能和效率均有待提升，成本需进一步降低。除此之外，发电设备的电网友好和调度灵活性能亟待提升。可再生能源就地消纳和其他利用方式较少，无电地区可再生能源应用模式也有待攻关。

第三节　气候环境压力为能源互联网提供现实需求

一、全球气候环境压力

第二次工业革命加速了人类对能源和资源的开采使用，导致了日益严重的气候环境问题。据美国橡树岭实验室研究报告，自 1750 年以来，全球累计排放了 1 万多亿吨二氧化碳，其中发达国家排放约占 80%。气候变化还引起海平面上升，沿海地区遭受洪涝、风暴等自然灾害影响更为严重，小岛屿国家和沿海低洼地带甚至面临被淹没。

化石能源产生的 CO_2 排放导致全球气候变暖，据 IEA 预测如果全球经济按照现有发展模式，将在 2050 年难以实现温控 2°C 的目标。而据估算，如果在 2050 年完成温控 2°C 的目标，需要温室气体排放比 2010 年减排 70%，在 2050 年非化石能源占比 70%的情况下，全球能源消费总量控制在 100 亿吨油当量。化石能源燃烧不仅排放温室气体，还排放大量的 SO_2、NO_X、颗粒烟雾等造成空气严重污染的 PM2. 5。目前全球污染最严重的 20 个城市中，中国城市有 17 个榜上有名。唐山、石家庄、邯郸、郑州、北京等地的 PM2. 5 浓度值甚至高达约 800mg/m^3，爆表现象频频出现。据史料记载，1952 年，伦敦 4 天的浓雾共造成 1. 2 万人死亡，这是和平时期伦敦遭受的最大灾难。大量证据表明雾霾通过呼吸系统破坏人体免疫系统，对孕妇和婴儿造成伤害极大，长期暴露在雾霾之中，罹患癌症的概率将会增加，因此，由化石能源使用造成的环境污染对人类的健康形成极大的威胁。

20 世纪 60 年代末，人类开始关注环境问题。1972 年 6 月 5 日，联合国召开了《人类环境会议》，提出了“人类环境”的概念，并通过了人类环境宣言成立了环境规划署。1992 年，在巴西里约热内卢举行的联合国环发大会（地球首脑会议）上通过《联合国气候变化框架公约》（United Nations Framework Convention on Climate Change，简称《框架公约》，英文缩写 UNFCCC）是世界上第一个为全面控制二氧化碳等温室气体排放，以应对全球气候变暖给人类经济和社会带来不利影响的国际公约，也是国际社会在对付全球气候变化问题上进行国际合作的一个基本框架。以后历年召开的气候变化大会谈论的气候问题，都是以这个公约为基础的，而且该公约具有法律效力。为落实《公约》，截至 2017 年，国际上先后召开了 23 次会议，具体情况如表 1-3 所示。最近影响比较大的是 2015 年的巴黎气候大会，协定指出发达国家应继续带头，努力实现减排目标，发展中国家则应依据不同的国情继续强化减排努力，并逐渐实现减排或限排目标。资金方面，协定规定发达国家应为协助发展中国家，在减缓和适应两方面提供资金资源。同时，将“2020 年后每年提供 1000 亿美元帮助发展中国家应对气候变化”作为底线，提出各方最迟应在 2025 年前提出新的资金资助目标。

表 1-3 国际气候大会历年情况

次数	时间	举办地	会议内容
第一次缔约方会议	1995	德国柏林	会议决定成立一个工作小组，就减少全球温室气体排放量继续进行谈判，在两年内草拟一项对缔约方有约束力的保护气候议定书。会议通过了工业化国家和发展中国家《共同履行公约的决定》，要求工业化国家和发展中国家“尽可能开展最广泛的合作”，以减少全球温室气体排放量。
第二次缔约方会议	1996	瑞士日内瓦	会议呼吁各国加速谈判，争取在 1997 年 12 月前缔结一项“有约束力”的法律文件，减少 2000 年以后工业化国家温室气体的排放量。
第三次缔约方会议	1997	日本东京	通过《京都议定书》。从 2008—2012 年期间，主要工业发达国家的温室气体排放量要在 1990 年的基础上平均减少 5.2%，其中，欧盟将 6 种温室气体的排放削减 8%，美国削减 7%，日本削减 6%。《京都议定书》最终于 2005 年 2 月 16 日开始强制生效。
第四次缔约方会议	1998	阿根廷布宜诺斯艾利斯	会议决定进一步采取措施，促使上次会议通过的《京都议定书》早日生效，同时制定了落实议定书的工作计划。

续表

次数	时间	举办地	会议内容
第五次缔约方会议	1999	德国波恩	会议通过了商定《京都议定书》有关细节的时间表，但在《议定书》所确立的三个重大机制上未取得重大进展。
第六次缔约方会议	2000	荷兰海牙	美国坚持要大幅度减少它的减排指标，会议因此陷入僵局，大会主办者不得不宣布会议延期。2001 年 3 月，美国政府正式宣布退出《京都议定书》，理由是议定书不符合美国的国家利益。
第七次缔约方会议	2001	摩洛哥马拉喀什	通过《马拉喀什协定》。通过了有关《京都议定书》履约问题的一揽子高级别政治决定，为《京都议定书》附件 1 所规定的缔约方批准《京都议定书》并使其生效铺平了道路。
第八次缔约方会议	2002	印度新德里	会议通过了《德里宣言》，强调应对气候变化必须在可持续发展的框架内进行，明确指出了应对气候变化的正确途径。宣言强烈呼吁尚未批准《京都议定书》的国家批准该议定书。会议在发展中国家的要求下，敦促发达国家履行《气候变化框架公约》所规定的义务，在技术转让和提高应对气候变化能力方面为发展中国家提供有效的帮助。
第九次缔约方会议	2003	意大利米兰	会议取得的成果十分有限，在推动《京都议定书》尽早生效并付诸实施方面未能取得实质性进展，甚至没有发表宣言或声明之类的最后文件，有关气候变化领域内的技术转让等核心问题也推迟到下次大会继续磋商。
第十次缔约方会议	2004	阿根廷布宜诺斯艾利斯	会议同前几次相比成效甚微，在几个关键议程上的谈判进展不大，而这些议程主要涉及国际社会为应对全球气候变化而做的具体工作。其中，资金机制的谈判最为艰难。
第十一次缔约方会议	2005	加拿大蒙特利尔	通过了双轨路线的“蒙特利尔路线图”。在《京都议定书》框架下，157 个缔约方将启动《京都议定书》2012 年后发达国家温室气体减排责任谈判进程；在联合国《气候变化框架公约》基础上，189 个缔约方也同时就探讨控制全球变暖的长期战略展开对话，以确定应对气候变化所必须采取的行动（此举主要是为了使美国不至于脱离全球控制气候变化的行动进程）。会议最终达成 40 多项重要决定。

续表

次数	时间	举办地	会议内容
第十二次缔约方会议	2006	肯尼亚内罗毕	这次大会取得了2项重要成果：一是达成包括“内罗毕工作计划”在内的几十项决定，以帮助发展中国家提高应对气候变化的能力；二是在管理“适应基金”的问题上取得一致，基金将用于支持发展中国家具体的适应气候变化活动。
第十三次缔约方会议	2007	印度尼西亚巴厘岛	通过了里程碑式的“巴厘岛路线图”。2005年蒙特利尔会议的基础上，进一步确认了《气候变化框架公约》和《京都议定书》下的“双轨”谈判进程，并决定于2009年在丹麦哥本哈根举行的气候公约第15次缔约方会议上通过一份新的议定书，即2012—2020年的全球减排协议，以代替2012年到期的《京都议定书》。
第十四次缔约方会议	2008	波兰波兹南	会议总结了“巴厘路线图”一年来的进程，正式启动2009年气候谈判进程，同时，决定启动帮助发展中国家应对气候变化的适应基金。
第十五次缔约方会议	2009	丹麦哥本哈根	大会分别以《联合国气候变化框架公约》及《京都议定书》缔约方大会决定的形式发表了《哥本哈根协议》，决定延续“巴厘路线图”的谈判进程，授权《联合国气候变化框架公约》及《京都议定书》两个工作组继续进行谈判，并在2010年年底完成工作。
第十六次缔约方会议	2010	墨西哥坎昆	本次会议的成果体现在，一是坚持了《联合国气候变化框架公约》《京都议定书》和“巴厘路线图”，坚持了“共同但有区别的责任”原则，确保了2011年的谈判继续按照“巴厘路线图”确定的双轨方式进行；二是就适应、技术转让、资金和能力建设等发展中国家所关心问题的谈判取得了不同程度的进展，谈判进程继续向前，向国际社会发出了比较积极的信号。
十七次缔约方会议	2011	南非德班	大会决定实施《京都议定书》第二承诺期并启动绿色气候基金。对于绿色气候基金，大会确定基金为《联合国气候变化框架公约》下金融机制的操作实体，成立基金董事会，并要求董事会尽快使基金可操作化。与会方同意延长5年《京都议定书》的法律效力（原议定书于2012年失效），就实施《京都议定书》第二承诺期并启动绿色气候基金达成一致。大会同时决定建立德班增强行动平台特设工作组，即“德班平台”，在2015年前负责制定一个适用于所有《公约》缔约方的法律工具或法律成果。

续表

次数	时间	举办地	会议内容
第十八次缔约方会议	2012	卡塔尔多哈	通过了《多哈修正》。最终就2013年起执行《京都议定书》第二承诺期及第二承诺期以8年为期限达成一致，从法律上确保了《议定书》第二承诺期在2013年实施。加拿大、日本、新西兰及俄罗斯明确不参加第二承诺期。大会通过了有关长期气候资金、联合国《气候变化框架公约》长期合作工作组成果、德班平台以及损失损害补偿机制等方面的多项决议。
第十九次缔约方会议	2013	波兰华沙	主要取得三项成果：一是德班增强行动平台基本体现"共同但有区别的原则"；二是发达国家再次承认应出资支持发展中国家应对气候变化；三是就损失损害补偿机制问题达成初步协议，同意开启有关谈判。
第二十次缔约方会议	2014	秘鲁利马	大会通过的最终决议就2015年巴黎气候大会协议草案的要素基本达成一致。最终决议进一步细化了2015年协议的各项要素，为各方进一步起草并提出协议草案奠定了基础。
第二十一次缔约方会议	2015	法国巴黎	巴黎气候变化大会各方同意结合可持续发展的要求和消除贫困的努力，加强对气候变化威胁的全球应对。此外，协定指出发达国家应继续带头，努力实现减排目标，发展中国家则应依据不同的国情继续强化减排努力，并逐渐实现减排或限排目标。资金方面，协定规定发达国家应为协助发展中国家，在减缓和适应两方面提供资金资源。同时，将"2020年后每年提供1000亿美元帮助发展中国家应对气候变化"作为底线，提出各方最迟应在2025年前提出新的资金资助目标。在大会的闭幕全会上，各缔约方对刚刚出炉的《巴黎协定》表示积极支持并给予高度评价，其中"历史性意义"成为关键词。
第二十二次缔约方会议	2016	摩洛哥马拉喀什	本次大会主题是行动，各方都认识到气候变化的紧迫性，以负责任的态度参与谈判，展现出团结精神。各方代表就大会的决议草案举行多轮双边和多边谈判，于19日凌晨达成一致意见，通过《巴黎协定》第一次缔约方大会决定和《联合国气候变化框架公约》第22次缔约方大会决定。
第二十三次缔约方会议	2017	德国波恩	这次会议的主要任务是按照《巴黎协定》的要求，为2018年完成《巴黎协定》实施细则的谈判奠定基础，同时确认明年进行的促进性对话 。作为美国宣布退出《巴黎协定》后第一次进行的缔约方大会，其明确表示还要继续参加。谈判将会出现哪些焦点、热点、难点，以及中国在其中能扮演何种角色，备受全球瞩目。

资料来源：课题组整理

中国政府极为关注气候变化问题，作为碳排放最多的发展中国家，在2009年11月25日国务院常务会议决定，到2020年单位国内生产总值二氧化碳排放比2005年下降40%~45%。非化石能源占一次能源消费的比重达到15%左右。

在2016年世界巴黎气候大会上，中国政府承诺向《联合国气候变化框架公约》秘书处提交《强化应对气候变化行动——中国国家自主贡献》，中国政府做出承诺“2030年左右使二氧化碳排放达到峰值并争取尽早实现，2030年单位国内生产总值二氧化碳排放比2005年下降60%~65%，非化石能源占一次能源消费比重达到20%左右”。

严峻的能源环境问题，迫使经济发展和能源利用必须要考虑气候环境效应，必须用最低的碳排放和对环境最少的破坏来实现经济发展的最大化。化石能源是最重要的温室气体排放来源，如果减少化石能源占一次能源消费中的比重，或者提高能源利用效率是实现全球温控目标的关键。

二、气候变化与能源互联网

2014年政府间气候变化专门委员会（IPCC）发布的第五次评估报告（IPCC，2014）指出，只有通过重大体制和技术变革，才能将全球平均温度升高幅度控制在不超过工业化前水平的2摄氏度之内。能源互联网的发展重点就是将电力能源与其他能源紧密合在一起。能源互联网的本质就是通过互联技术起到提高能源利用效率，节约能源消耗，从而减少污染物排放的目的。因此，为了控制温室气体，应对气候环境压力，在重大技术方面，能源互联网为我们提供解决化石能源问题的重要途径。

信息技术与可再生能源结合的产物——能源互联网为解决可再生能源的有效利用问题，提供了可行的技术方案。与目前开展的智能电网，分布式发电，微电网研究相比，能源互联网在概念、技术、方法上都有一定的独特之处。随着可再生能源技术、通信技术以及自动控制技术的快速发展，一种以电力系统为核心，集中式和分布式可再生能源为主要能量单元，依托实时高速的双向信息数据交互技术，涵盖煤炭、石油、天然气以及公路和铁路运输等多类型多形态网络系统的新型能源利用体系，即“能源互联网”的基本构想和雏形被提出。在“能源互联”背景下，传统的以生产顺应需求的能源供给模式将被彻底颠覆，处于能源互联网中的各个参与主体都既是“生产者”，又是“消费者”，互联共享将成为新型能源体系中的核心价值观。

能源互联网模式能够减少碳排放、缓解气候压力。一方面全球能源互联网是以特高压电网为骨干网架、全球互联的坚强智能电网，是清洁能源在全球范围大规模开发、配置、利用的基础平台，实质就是“特高压电网+智能电网+清洁能源”。智能电网是基础，特高压电网是关键，清洁能源是根本。构建全球能源互联网，将促进清洁能源大规模开发利用和大范围协调互济，推动能源革命和可持续发展，从根本上解决制约人类社会发展的能源安全、环境污染和温室气体排放问题。另一方面，能够促进电动汽车大规模接入。电动汽车是交通运输系统电气化转型的重要手段，而能源互联网本身是以电力网络为核心，涵盖石油网络、天然气网络以及交通运输网络的多层耦合网络系统，因此，能源互联网的建设能够为电动汽车提供更为完善且具有较强通用性的基础设施。在能源互联背景下，电动汽车作为一种分布式储能设备，将能够与电力系统更好地对接，从而优化系统运行，提高交通运输系统以及整个经济社会的低碳化水平。

第四节　信息技术为能源互联网发展提供技术保障

一、第三次工业革命

人类对能源的利用主要经历三大转换：第一次是煤炭取代木材等成为主要能源；第二次是石油取代煤炭而居主导地位；而当今世界是在石油逐渐枯竭的状况下向多能源结构的过渡转换。18 世纪前，人类只限于对风力、水力、畜力、木材等天然能源的直接利用，尤其是木材，在世界一次能源消费结构中长期占据首位。蒸汽机的出现加快了产业革命的进程，促进了煤炭的大规模开采。到 19 世纪下半叶，出现了人类历史上第一次能源转换。1860 年，煤炭在世界一次能源消费结构中占24%，1920年上升为62%。从此，世界进入了“煤炭时代”。19世纪70年代，电力代替了蒸汽机，电器工业迅速发展，煤炭在世界能源消费结构中的比重逐渐下降。1965年，石油首次取代煤炭占居首位，世界进入了“石油时代”。1979年，世界能源消费结构的比重是：石油占54%，天然气和煤炭各占18%，油、气之和高达72%。石油取代煤炭完成了能源的第二次转换。因此，石油是现在世界上利用最多的能源，并且面临着枯竭的危机。化石燃料的大量利用破坏了生态环境，间接上对人类的发展也造成了不良的影响。因此，发展新能源，向多能源结构的过渡是当今人类发展的必然选择。

另一方面，人类历史上经历了第一次工业革命、第二次工业革命。第一次工业革命始于18世纪末的英国，当时是纺织工业的机械化时代。将由数千个纺织作坊手工完成的任务交由一个纺织厂来完成，由此诞生了工厂。第二次工业革命始于20世纪初期，当时亨利·福特（Henry Ford）改进了汽车工厂的装配线，引领人类进入了大规模生产的时代。目前，第三次工业革命正开展，第三次工业革命以原子能、电子计算机和空间技术的广泛应用为主要标志，涉及信息技术、新能源技术、新材料技术、生物技术、空间技术和海洋技术等诸多领域的一场信息控制技术革命。这次科技革命不仅极大地推动了人类社会经济、政治、文化领域的变革，而且也影响了人类生活方式和思维方式，使人类社会生活和人的现代化向更高境界发展。第三次工业革命涉及的先进技术为能源互联网的实现和运行提供了坚实的技术和智力支撑，使能源的智能化管理和高效利用从理想走向了现实。

二、信息技术与新能源的结合

可再生能源存在地理上分散、生产不连续、随机性、波动性和不可控等特点，传统电力网络的集中统一的管理方式，难以适应可再生能源大规模利用的要求。对于可再生能源的有效利用方式是分布式的“就地收集，就地存储，就地使用”。但微电网和分布式发电并网并不能从根本上改变分布式发电在高渗透率情况下，对上一级电网电能质量故障检测、故障隔离，也难于实现可再生能源的最大化利用，只有实现可再生能源发电信息的共享，以信息流控制能量流，实现可再生能源所发电能的高效传输与共享，才能克服可再生能源不稳定的问题，使可再生能源实现真正有效的利用。

发展能源互联网需要解决六项关键技术，分别是：先进储能技术、固态变压器技术、智能能量管理技术、智能故障管理技术、可靠安全通信技术和系统规划分析技术，人工智能、智能制造、电网技术、电池储存等技术。在信息时代，各项技术都在发生日新月异的变化，与目前开展的智能电网，分布式发电，微电网研究相比，能源互联网的推进和实施更加依赖科学牢固的信息技术，没有信息技术的支撑，能源互联网只是空中楼阁，因此，只有信息技术的发展才为能源互联网提供实现的关键技术手段和发展的可能性。

第二章　能源互联网：概念、特点和交易模式

第一节　能源互联网的概念

一、国内外关于能源互联网的定义

美国趋势经济学家杰里米·里夫金（2012）在其著作《第三次工业革命》中，把能源互联网称为未来新经济系统的五大支柱之一。他认为："在即将到来的时代，我们需要创建一个能源互联网，让亿万人能够在自己的家中、办公室里和工厂里生产绿色可再生能源。多余的能源则可以与他人分享，就像我们现在在网络上分享信息一样。"能源互联网的愿景自此提出，并由此引发了国内一系列的经济活动。

但对于能源互联网的定义，没有明确的说法。国外的机构、学者等对能源互联网作出的定义如下：

2008 年，美国 NSF 在北卡州立大学建立了 FREEDM 系统中心，希望将电力电子技术和信息技术引入电力系统，在未来配电网层面实现能源互联网理念。即在美国 FREEDM 中认为，能源互联网是一个由分布式智能网络控制的绿色能源网络，是以多向电流为主体，使能源使用者既是消费者又是供应者，最终达到用户多余的电量可以反流向电力公司。

德国联邦政府也提出了 E-Energy 理念和能源互联网计划。德国将能源互

联网的侧重点放在智能化电力系统。主要是指通过智能化电力系统网络，将电力的智能生产、智能消费等过程实现智能存储，从而实现电力系统范式改革，解决全球能源短缺的问题。

在我国，基于每个团体和个人的立场不同，对能源互联网的定义形形色色。不同的工作中，能源互联网对其产生的效应及意义不尽相同，这也是能源互联网至今没有形成的原因之一。国内专家学者对能源互联网作出如下定义：

国家电网能源研究院冯庆东（2015）认为，能源互联网是以互联网技术为手段，以电力系统为基础，以接纳分散式可再生能源为主，采用先进的信息通信技术，通过对能源的系统管理，提高能源利用效率。

董朝阳、赵俊华、文福拴、薛禹胜（2014）的《从智能电网到能源互联网：基本概念与研究框架》中给出以下定义：“能源互联网是以电力系统为核心，以互联网及其他前沿信息技术为基础，以分布式可再生能源为主要一次能源，与天然气网络、交通网络等其他系统紧密耦合而形成的复杂多网流系统。”

于慎航（2015）认为，所谓能源互联网是指通过先进的电力电子技术和信息技术，融合了大量分布式可再生能源发电装置和分布式储能装置，能够实现能量和信息流动的新型高效电网结构。

曹红阳（2013）认为，能源互联网是一种在现有电网基础上，通过先进的电力电子技术和信息技术，融合了大量分布式可再生能源发电装置和分布式储能装置实现能量和信息双向流动的电力对等互联共享网络。

2016 年，我国发改委发布的《关于推进能源“互联网+”智慧能源发展的指导意见》中，将能源互联网作为“互联网+”智慧能源的简称，将其理解为是一种互联网与能源生产、传输、存储、消费以及能源市场深度融合的能源产业新形态，具有有设备智能、多能协同、信息对称、供需分散、系统扁平、交易开放等主要特征。

二、对能源互联网定义的深入理解

国内外团体与机构对能源互联网的侧重点不同，主要有以下方面：

德国的能源互联网强调电力系统的智能化，通过电力系统的范式改革，解决能源问题，很实际地将其当作一个工具，没有体现互联的特点，而美国强调电流的双向性，改变用户的身份所形成的绿色能源网络。德国、美国以及我国对能源互联网的相关定义与理解进行梳理可以发现，要准确地把握能源互联网的特点应从以下几个方面出发。

首先，能源互联网是以电力系统为基础的。能源互联网的能源传输的介质是电力系统，其作为传输通道，将能源进行输送。没有电力系统这个基础，能源的传输只能是无所依归。

其次，能源互联网是以可再生能源为主要能源，即能源类型将从传统化石燃料走向可再生，这是能源结构的改变。能源互联网融合了大量分布式可再生能源储能装置和分布式储能装置，可以利用风能、太阳能等可再生能源。

然后，能源互联网的流动是双向性的，能够使用户身份交互变换。在能源互联网中，通过对电力系统的智能化改造，能源使用者既可以以消费者的身份使用能源，又可以以供应者的身份将自己多余的能源流向电厂、企业，或者是其他个人。

最后，能源互联网需要信息技术的支持，完成能源互联网的智能化进程。单一的简单电网不能满足能源互联的功能要求。信息技术主要是通过使电网信息化和智能化，改善能源利用效率低下，稳定性低，能源网络交叉配置紊乱的局面。

现对能源互联网的定义进行概括：能源互联网是以传统电网为基础，以新型技术为工具，以可再生能源为主体，采用先进的技术，实现能源互联，多向流动，改善能源使用效率的共享网络。

第二节　与能源互联网相关的概念

一、智能电网

智能电网，即电网的智能化。就目前来说，全世界各个国家对智能电网并没有一个明确的定义，各个领域的专家从不同角度阐述了智能电网的内涵，并且随着研究和实践的不断深入而将对其不断细化。美国能源部将其定义为："一个完全自动化的电力传输网络，能够监视和控制每个用户和电网节点，保证从电厂到终端用户整个输配电过程中，所有节点之间的信息和电能的双向流动。"美国电力科学研究院认为，IntelliGrid 是一个由众多自动化的输电和配电系统构成的电力系统，以协调、有效和可靠的方式实现所有的电网运作：具有自愈功能；快速响应电力市场和企业业务需求；具有智能化的通信架构，实现实时、安全和灵活的信息流，为用户提供可靠、经济的电力服务；中国科学院电工研究所认为，"智能电网是以包括各种发电设备、输配电网络、用电设备和储能设备的物理电网为基础，将现代先进的传感测量技术、网络技术、通信技术、计算技术、自动化与智能控制技术等与物理电网高度集成而形成的新型电网，它能够实现可观测（能够监测电网所有设备的状态）、可控制（能够控制电网所有设备的状态）、完全自动化（可自适应并实现自愈）和系统综合优化平衡（发电、输配电和用电之间的优化平衡）。"

综上所述，目前对智能电网的定义主要包括三个层次：第一，智能电网的智能化主要体现在对电网各个运行设备的实时监控，这其中包括了目前计算机领域和控制领域的主要成果，利用先进的测量和传感技术获得当前电网运行过程中的主要参数，这是智能电网的基础；第二，将获得的数据进行收集和处理，并利用先进的信息通信技术发送到控制中心；第三，控制中心运用计算机技术对收到的数据进行分析、处理，不断地完善系统运行，并对出现的故障迅速提出恢复策略，达到对整个电力系统的优化管理。

二、智能电网下的能源互联网

中原证券研究所所长袁绪亚认为，能源互联网是智能电网的二次延伸，包括智能发电、智能电网、智能储能、智能用电、智能能源交易、智能管理和服务六大板块，这六大板块融为一体，不可分割，共同构成完整的能源互联网。

清华大学信息技术研究院研究员曹军威（2014）在《能源互联网探析》

中指出，能源互联网是以互联网思维与理念构建的新型信息—能源融合“广域网”，它以大电网为“主干网”，以微网、分布式能源等能量自治单元为“局域网”，以开放对等的信息—能源一体化架构真正实现能源的双向按需传输和动态平衡使用，可以最大限度地适应新能源的接入。

中国经济研究院院长白津夫对能源互联网有不同的理解。他认为，能源互联网是基于互联网的能源双向配置平台，主要适应于分布式能源，能够将风能、太阳能等可再生能源输送到各类用户，同时也能够把个体电源通过网络回购再配置，促进产销一体，双向交互。能源互联网不能单向考虑“主体自由接入和分享”，还要形成能源网上可交易。

国网能源研究院首席专家冯庆东曾公开提出，能源互联网是在能源转型大背景下提出来的，是智能电网 2.0 版。它是以互联网技术为核心，以配电网为基础的，以新能源接入为主，通过能量管理系统作为分布式能源设备，实施广域优化协调控制，实现冷、热、气、水、电等多种能源互补，提高用能效率的智慧能源管控系统。

我们认为，能源互联网的本质就是通过互联网手段和思维对能源进行提效。集中式与分布式并存，分布式能源即插即发、就近消纳、余电上网，能量信息深度融合，用先进的传感器、控制和软件应用程序，形成生产、存储、传输、转换、消费为一体的能源链，所有参与方均能充分参与，通过互联网实现能源的开放、对等、分享、互联。

三、智能电网下的能源互联网的特点

能源互联网是新型电力电子技术、信息技术、分布式发电、可再生能源发电技术和储能技术的有机结合，具有以下特点：

（1）能源来源的种类广泛。能源互联网发电体系包括常规能源、大规模新能源和大容量储能，以可再生能源发电的广泛应用为基础，包容多种不同类型的发电形式。然而，可再生能源发电具有模糊性和随机性，其大规模接入对电网的稳定性产生冲击，从而促使传统的能源网络转型为能源互联网。

（2）能源来源的地域分散。可再生能源具有较强的地域性特点，来源分散，不易输送。为了最高效地收集和使用可再生能源，需要建立就地收集、存储和使用能源的网络，这些能源网络单个规模小、分布范围广，每个微型能源网络构成能源互联网的一个节点。

(3) 不同能源之间互联。能源互联网是以大规模分布式电源应用为基础，然而大部分微型能源网络并不能保证自给自足，因此，需要将每个微型能源网络互联起来进行能量交换。能源互联网是在传统电网的基础上将分布式发电、储能、智能变电和智能用电组成的微型能源网络互联起来。

(4) 能源网络共享开放。能源互联网不仅具备传统电网的供电功能，还提供能源共享的公共平台，系统支持小容量可再生能源发电、智能家电、电动汽车等随时接入和切出，真正做到即插即用。传统用户不仅是电能使用者，还是电能的创造者，可以没有任何阻碍地将电能传送到能源互联网上并取得相应的回报。从能量交换的角度看，所有微型能量网络节点都是平等的。

(5) 基础设施建设融入传统电网。传统电网中已有的骨干网络投资大，因此，在能源互联网的结构中应该充分考虑对传统电网的基础网络设施进行改造，并将微型能源网络融入传统电网中形成新型的大范围分布式能源共享互联网络。

(6) 具有很强的自愈功能。电力系统自愈机制主要是指当电网出现故障时，无需或仅需少量的人为干预，即可实现自动隔离电网中存在危险或潜在危险的器件，使供电中断最小化或恢复其业务的一种机制。能源互联网系统在出现故障时，应能够主动隔离故障，实现系统自愈功能，必要时允许孤岛运行。

(7) 具备系统运行的高效性。能源互联网通过智能代理终端实现发电端与用户设备之间行为的交互，引入最先进的 IT 和监控技术，既可以对电网运行状态进行精确估计，也可以对负荷、发电端、储能装置等进行实时监控和管理，合理分配电网资源，提高单个资产的利用效率，降低运行成本。

(8) 响应环境友好的政策。能源互联网以分布式可再生能源发电的大量应用为基础，以建立智能型绿色电网为目标，具有绿色、环保的特点，有利于我国改善能源结构，也是构建资源节约型与环境友好型社会的基石。

四、智能电网与能源互联网的区别与联系

2013 年，国家电网董事长刘振亚在《科技日报》上发表的文章中提出了“智能电网承载并推动第三次工业革命”的观点，指出未来的智能电网，是网架坚强、广泛互联、高度智能、开放互动的“能源互联网”，即未来的智能电网就是“能源互联网”。与智能电网相比，能源互联网更加强调多种能源形式间的综合互补利用，但相较于其他能源形式，电能具有瞬发、瞬供等特性，所以，未来能源互联网必然将以电能为主体形式、以智能电网为主要载体的能源生态系统。

作为智能电网的进一步深化和发展，能源互联网和智能电网的区别主要体现在以下几个方面。从物理实体上看，智能电网的物理实体主要是电力系统，而能源互联网的物理实体由电力系统、交通系统和天然气网络共同构成；从能量的传输形式上看，在智能电网中，能量只能以电能形式传输和使用，而在能源互联网中，能量可在电能、化学能、热能等多种形式间相互转化；从目标上看，智能电网是综合利用了通信技术、分析决策和自控技术来实现可观、可控、具有自适应性和自愈能力的电网，而能源互联网则是致力于建设能源的生产、消费以及存储的一体化智能化系统；目前，智能电网研究对于分布式发电、储能和可控负荷等分布式设备主要采取局部消纳和控制。在能源互联网中，由于分布式设备数量庞大，研究重点将由局部消纳向广域协调转变；智能电网的信息系统以传统的工业控制系统为主体，而在能源互联网中，互联网等开放式信息网络将发挥更大作用。同时，从能源的获取上，更多的分布式能源和可再生能源被接入，能源用户也将具备能源消费、能源生产的双重身份。在整个系统的管理和控制层面上，能源互联网将更多地依靠互联网技术涉及能源的生产、传输、转换和消费等各个环节来实现能源的更高效利用。

能源互联网与智能电网从体量到架构均产生了变化，能源互联网在概念、技术和方法上的内涵和外延则更为全面和深入。能源互联网在开放互联、能量交换和路由等特征上有别于目前一般意义下的智能电网，能源互联网打破

封闭的“电力生产—电力消费”体系，将电力系统与其他能源系统进行融合，实现多能源系统之间的协同优化管控。在架构层面，能源互联网的一种典型架构包含物理层、通信层、数据层、应用层、业务层五部分，层次分明、结构清晰，实现能源流和信息流的自由交换和共享。能源互联网在应用场景上延伸至智慧社区、智能能源管理等领域，实现用户利用能量的便捷化、一体化、互动化，能够形成灵活多样的技术管理和商业运作模式，具有更大的发展空间和更多的商业形态。

五、分布式能源互联网

环境污染、气候变化、石油危机正威胁着人类的生存发展，它们统统可归结为传统化石能源模式的不合理性，分布式能源的绿色清洁性质符合人类的低碳发展要求，在能源革命、深化电改、节能减排新形势下，分布式能源作为能源综合利用的高效供能系统，迎来了难得的发展机遇。分布式能源是分布在用户侧的能源梯级利用和可再生能源及资源综合利用设施，分布式能源与互联网技术的结合将会把分散在全球各地的分布式能源通过互联网络收集和分配，实现区域乃至全球范围内能源的动态消费，世界各地的人们都可通过这个网络共享自己生产的能源，两者的结合将从根本上改变人类的能源利用方式。

中海阳能源集团董事长薛黎明认为，能源互联网的“入口”应该是智能化分布式能源的推广和普及。为推进分布式能源的发展，政府在政策方面给予了极大帮助。2015 年 3 月，国务院印发了《关于进一步深化电力体制改革的若干意见》，明确指出要全面开放用户侧分布式电源，支持企业、机构和家庭投资建设太阳能、风能等各类分布式能源，鼓励专业化能源公司，以合同能源管理模式建设分布式电源。2015 年 7 月，国务院提出的“互联网+智慧能源”的能源互联网发展路线图，更为分布式能源带来新的巨大的发展动力。构建以分布式能源为基础的能源互联网不仅能够有效解决可再生能源的汇集、传输和消费问题，而且可以推动能源开发方式、能源消费方式、生产生活方式的改变，为新工业革命开辟更广阔的空间。为整合分布式发电的优势，削弱分布式发电对电网的冲击和负面影响，充分发挥分布式能源的效益和价值，应积极构建基于分布式能源的能源互联网，分布式能源将会迎来跨越式的大发展，成为未来能源发展的方向。

第三节　能源互联网的特征

在多种能源之间的转化和互联已成为我国能源发展的主要形式，尹晨晖、杨德昌、耿光飞、范征（2015）在其著作《德国能源互联网项目总结及其对我国的启示》中，将能源互联网的基本结构分为两个层级：物理结构和信息结构。其中，物理结构是传统气网、电网、热网与交通网等多种能源网络互联互通融为一体，实现多种能源系统的信息共享，同时，电力系统处于枢纽位置，是能源互联网的核心。其信息结构具有开放、互联、对等和分享的典型特点：①“开放”是指能源互联网中单一种类能源系统中的量测体系具有开放性，可以随时随地地接入和获取；②“互联”是能源互联网中信息流的典型存在形式，可实现多种形式的信息交汇和共享；③“对等”表现在能源互联网中信息流的价值是等价的，都实时反映整体或局部能源系统的运行状态；④“分享”是指在能源互联网中，所有反映能源系统运行状态的数据信息都是共享的，以方便不同能源系统之间进行互相查阅和耦合，通过信息流实现能量流的优化。

笔者认为，从物理结构层面来讲，能源互联网具有以下特征（如图 2-1 所示）：①多层次性。传统电网只是将范围极广的电网通过高压线等设备进行连接，而能源互联网则是将多个层次的网络（包括太阳能、风能、地热能等新能源网络）进行耦合，这就使得能源的发展具有多层次性和立体感。从传统意义上来看，新能源发电只适用于短距离、小范围内进行，因此，能源互联网通过将新能源网络并入传统电网，使得其更加丰富与实用。②互联性。能源互联网将各个微网并到一起，与核心电网连接形成局域能源共享网络，这使得能源交易能够克服地域、空间等不确定因素，实现资源共享，信息流通。

从信息结构层面来讲，能源互联网具有以下特征（如图 2-1 所示）：①智能化。通过云计算、大数据挖掘信息，通过电子信息管理系统对多种新能源进行智能的转化与储存，根据数据分析结果对多个分布式能源储能设备进行调配。②双向性。用户扮演双向角色，既是供电方也是需求方（基于信息技术层级的智能化特点），打破了单一的供给侧和需求侧的界限，使得能源能够双向传递，这一特点将有助于推动能源交易模式由 B2C 到 C2C 的转变。但是，各种新技术的设想、开发与使用是其亟待解决的问题，包括智能电网的先进测量技术、计算机技术、控制技术、并网技术、分布式电荷的调控技术和能源互联网正常运行的相关计费、运算终端技术（比如：智能电表、交易平台等）。

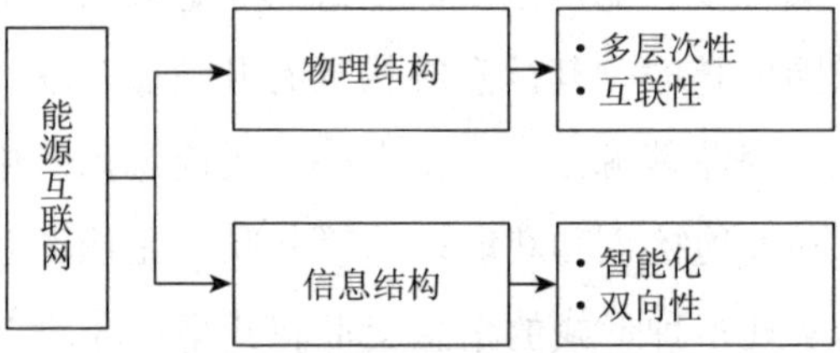

图 2-1　能源互联网的结构层次图

能源互联网的物理结构与信息结构诠释了其多层次性、互联性、智能化和双向性等特点，同时，能源本身的可再生性以及分布性使得能源互联网的系统更为稳定，物质基础更为广泛与充足。

第四节　能源互联网开展的主要项目

2016 年，由国家能源局和国家发展改革委共同出台的《关于推进“互联网+”智慧能源发展的指导意见》中明确提出，发展能源互联网的重要任务是加强能源互联网基础设施建设，建设能源生产消费的智能化体系、多能协同综合能源网络、与能源系统协同的信息通信基础设施。营造开放共享的能源互联网生态体系，建立新型能源市场交易体系和商业运营平台，发展分布式能源、储能和电动汽车应用、智慧用能和增值服务、绿色能源灵活交易、能源大数据服务应用等新模式和新业态。推动能源互联网关键技术攻关、核心设备研发和标准体系建设，促进能源互联网技术、标准和模式的国际应用与合作。基于指导意见，目前，我国发展能源互联网主要从以下 10 个项目入手，这 10 个项目的关系如图 2-2 所示：

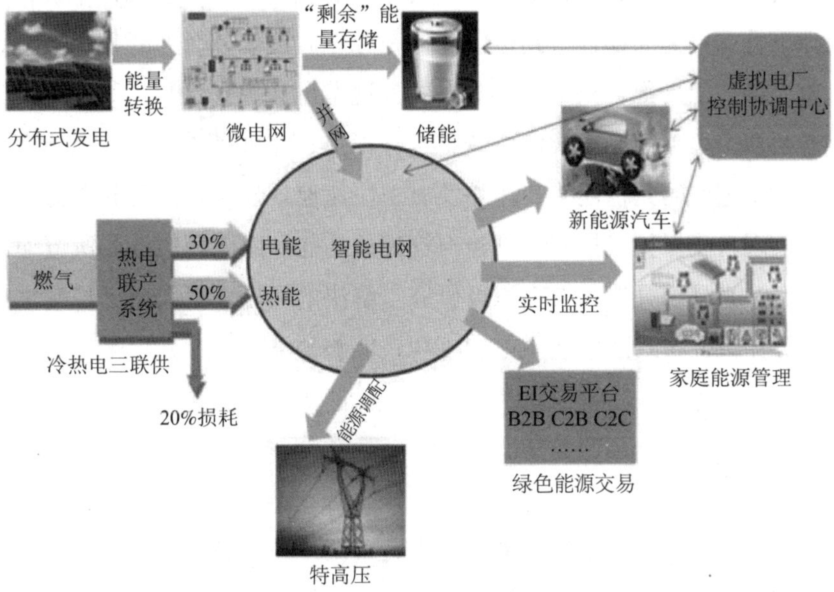

图 2-2 能源互联网基础项目

一、分布式发电

分布式发电是将发电系统以小规模、分散式的方式布置在用户周围，可独立输出电、热或冷能的系统。分布式发电系统独立完整、操作简单、调峰性能好，同时以设备简单、靠近用户、分散性强为主要特点，能够进行阶梯式供电，有效地克服能源分布不均、地理差异明显等障碍。目前，我国分布式发电存在发电效率低、弃光率高、可操作性低、电力市场容量小、输送环节不通畅、后续并网难等问题。对于民用来说，电价较低导致分散的家庭式投资难以被政府主导；对于工业来说，安装光伏发电系统需要占用大量资金，公司的经营项目与地点可能经常发生变更，以致其主体的积极性不高。

二、微电网

微电网（也称微网），是指由分布式电源、能量转换、储能、负荷、监控和保护等装置组成的小型发配电系统。多个分布式电源按照一定的拓扑结构组成的网络，可促进分布式电源与可再生能源大规模接入。总体来说，微电网有以下特点：①局部性。其电力主体是分布式能源及分布式发电装置，故其配电系统拘于局部，只集中于分布式发电范围较大的区域。②空间性。微电网是由多个单独的分布式发电装置连接而成，突破了单一的发电体系。③自愈性。微电网的完整性使其能够及时、快速地处理系统内部和电力分配的问题，实现自我保护、控制、改善与管理的功能。微电网的发展所遭遇的技术瓶颈，一直是相关技术人员积极研究与解决的问题。但我国已经基本建设成一部分相关分布式发电及微电网工程，能够独立运行，并带来显著的经济效益。

三、储能

储能技术是指将受季节因素影响大，可调性差、稳定性低的可再生能源进行储存的活动。储能技术具有以下特点：①储能技术可使具有波动性和间歇性的可再生能源随机接入，所以储能手段可提高接纳可再生能源的能力。②储能技术能有效地缓解资源限制与负荷增长之间的矛盾，并延缓设备更新投资。③储能技术可满足削峰填谷、应对灾变、保证供电可靠性、提高供电质量等需求。此外，随着储能技术的不断发展，需要解决的问题也比较明确，比如还需优化相关系统配置，提升储能系统的性能，对安全保障问题进行深入研究。

四、新能源汽车

2007 年，国家发改委发布的《新能源汽车生产准入管理规则》中，将新能源汽车的概念定义为：采用非常规的车用燃料作为动力来源（或使用常规的车用燃料、采用新型车载动力装置），综合车辆的动力控制和驱动方面的先进技术，形成的技术原理先进、具有新技术、新结构的汽车。新能源汽车能够促进可再生能源的使用，有效地减少化石燃料的燃烧，降低碳排放，这是能源互联网体系构建所迈出的一大进程。国家对发展新能源汽车十分积极主动，针对新能源汽车的购买，推行各项扶持优惠补贴政策。在政府与企业的共同努力下，我国新能源汽车行业近几年展现出良好的发展势头。但目前我国新能源汽车的发展也面临着诸多障碍，比如配套的充电设施不够齐全、社区电网改造难等。

五、绿色能源交易

绿色能源交易，即通过市场机制促进绿色能源发展。国家发改委称，为促进能源互联网的发展，将搭建能源及能源衍生品的价值流转体系，支持能源资源、设备、服务、应用的资本化、证券化；鼓励面向分布式能源的众筹、PPP（政府和社会资本合作）等灵活的融资手段，并开展能源互联网基础设施的金融租赁业务。发改委网站发布的《关于推进“互联网+”智慧能源发展的指导意见》指出，建设基于互联网的绿色能源灵活交易平台，支持风电、光伏、水电等绿色低碳能源与电力用户之间实现直接交易。在交易体系方面，逐步建设以能量、辅助服务、新能源配额、虚拟能源货币等为标的物的多元交易体系；分层构建能量的批发交易市场与零售交易市场，基于互联网构建能量交易电子商务平台，鼓励交易平台间的竞争，实现随时随地、灵活对等的能源共享与交易。

六、智能电网

智能电网，即通过广泛应用先进的设备和数字技术，实现电网的可靠、安全、经济、高效。智能电网能够实现各种分布式能源的微网大规模接入，同时，可以进行智能化调控、提高电力使用效率、降低电损率、避免大规模停电、实现自我修复等。智能电网的智能化是能源互联网的基础。能源互联网的构建必须建立在智能电网体系之上。在发展智能电网的同时，应该注意与传统电网多向融合，实现传统电网的快速升级改造，并大力发展先进传感和测量技术、先进设备技术、先进控制方法，以及先进决策支持系统技术与智能电网的相关技术，实现智能电网可靠、安全、经济、高效的功能特点。

七、特高压

通过特高压建设，可实现输送容量大、送电距离长、线路耗损低、占用土地少的目标。中国“全球能源互联网”的战略构想，正是基于中国国家电网公司在特高压技术的成功实践。特高压正是由于应对能源紧缺而产生的，我国能源与生产力布局呈逆向分布，80%的水资源分布在西南部，76%的煤炭资源分布在北部和西北部，陆地风能主要集中在西北、东北和华北北部，而70%以上的能源需求来自东中部。由于运输成本高、土地资源紧张、环境压力大，东部地区不适宜再大规模建设燃煤电厂，这就要求电力发展模式要由就地平衡转变为“西电东送、北电南供”。建设以特高压电网为骨干网架的坚强智能电网，把能源资源就地转化为电力，让“煤从空中走、电送全中国”，解决能源运输长期紧张的难题，推动能源资源在全国范围内优化配置和高效利用。

八、虚拟电厂

通过减少终端用电需求的方式来产生“富余”的电能，即通过在用电需求方安装提高用电效能的设备，达到建设实际电厂的效果，虚拟电厂的核心不在发电，而在节电。虚拟电厂概念的产生，有助于缓解电力紧缺，在我国有着非常大的市场。虚拟电厂有以下优点：①利用已有电能来创造更大的价值，不需耗费其他资源；②无需土地资源，在虚拟空间里即可创造真实价值；③因其处于虚拟世界，并不会造成环境污染。目前，我国实际意义的虚拟厂还处在构想阶段，并没有示范点或示范城市在做相关发展工作，但外国已有部分成熟的技术，比如德国的 e-Telligence 项目和美国夏威夷州毛伊岛（Maui）的名为“JUMPSmart Maui”的智能电网项目。

九、家庭能源管理

家庭能源管理就是打破单纯的需求侧用电单元，通过调整用户的用电与储能设备的充放电形式来进行微电网与电网的负荷节奏，以及电价自动化的调控管理活动。家庭能源管理的优势在于可达到节约能源、保证用户安全、减少电费支出、提高电网稳定性和安全性的目的。比如，用户可通过管理系统了解到本月或本季度的电费支出，并且可以细化到冰箱消耗的电量、手机消耗的电量或电脑消耗的电量等，通过智能化分析电费结构组成，来调控下一周期的用电行为，方便需求侧与供给侧为一体的用户对能源进出状况进行智能调控。同时，家庭能源管理系统可以引用到智能家居上去，将会实现更大的便利。

十、冷热电三联供

冷热电三联供是指以天然气这一种燃料为主要燃料带动燃气轮机、微燃机或内燃发电机等燃气发电设备运行，所产生的电力供应用户的电力需求，在发电的同时将产生的余热通过回收利用设备（余热锅炉或者余热直燃机等）向用户供热、供冷。冷热电三联供有以下优点：①利用率高。此系统实现了能源的循环和梯级利用。②成本低。综合用能效率可达 85%以上，可以节约能源成本的 30%~50%。③高收益。可提供并网电力作能源互补，整个系统的经济收益及效率均相应增加。④环保性。由于天然气为清洁能源，可减少对其他化石能源的使用，极大地二氧化硫、二氧化碳、氮氧化物等温室气体的排放。由于三联供在能源转换效率方面所具有的突出优势，使得其在世界各国的能源领域大都具有显著地位。

第五节　能源互联网交易模式

一、传统互联网的交易模式

随着社会生产力的发展和社会分工的出现，交换型、开放型、具有社会分工性质的商品经济逐渐取代了分散的、自给自足的、封闭保守的家庭式自然经济，最初的物物交换已经不能满足人类生活的需求，商品经济的内在发展出现矛盾，逐渐形成了货币等一般等价物、利益分化的社会团体以及日益复杂的交易活动产生了不同的交易模式。

现主要对能源互联网的交易模式进行初步探究，能源互联网又称“互联网+智慧能源”，对于这一未形成规模与机制的产业，我们首先应该描述电子商务交易模式的分类及其特征，从而对能源互联网的交易模式进行合理性预测。

电子商务交易伴随着信息流、商流、资金流和物流活动，根据其交易对象的不同，电子商务一般分为企业对企业（B2B）、企业对消费者（B2C）、消费者对消费者（C2C）、消费者对企业（C2B）、企业对政府（B2G）、非商业事务（No-business e-commerce），以及企业内部电子商务（ Intra-business e-commerce）。

（1）B2B 交易模式。B2B 交易模式是企业间交易的重要形式，网上交易能够降低发布信息及业务拓展的成本，是提高企业竞争力的重要手段。传统的企业交易，缺乏信息渠道，信息资源严重不对称，导致企业前期需要大量调研，去寻求有效的供应和销售渠道。而在电子商务中，像阿里巴巴公司，主要为企业之间铺设渠道，建立一个发布信息和进行交易的平台，并能够通过大数据，推送符合企业相关条件的潜在合作伙伴，促进交易达成。此外，一些企业自建网站进行交易。

B2B 交易主要有如下特点：①跨地区性。互联网信息平台的建设具有跨地区的性质，即可以通过一个公开的公共平台，发布企业的产品、性能、价格等信息，将不同地区的商家聚合到一个公共网站，进行跨地区交易。②低成本性。在信息渠道较为闭塞的情况下，企业通常采取前期调研、市场营销等手段寻求客户，而 B2B 交易模式能够极大程度地加快信息传播、拓宽交易渠道、降低交易成本、提高企业竞争力。③高整合性。近年来，大数据的出现使信息更具有集成性，可以通过其使社会资源得到合理配置，同时，交易数据能够直观地展现企业特点，协助企业能及时调整计划。

（2）B2C 交易模式。B2C 交易模式是企业与个人间交易的重要形式，这种模式不仅是把传统的交易放到互联网上来做，而且还是传统交易的极大延伸。B2C 能够有效地拉近企业与顾客的距离、拓宽销售渠道、优化企业形象，同时，零库存概念促使企业能够更为积极有效地去制定降低成本、扩大销售的方法策略。B2C 交易模式主要以京东、苏宁易购等网站为代表。

（3）C2C 交易模式。C2C 交易模式是个人与个人间交易的重要形式，即零散的个体户通过网上交易平台进行交易，与传统销售模式来说，主要在于成本优势，可以省去高店铺租赁费和导购成本，提高商品交易效率，同时，促进闲置人力进行再创业、再就业，使电子商务市场呈现活跃的交易状态。C2C 交易模式主要是以淘宝、美丽说、蘑菇街等为代表。

二、传统能源（电）的交易模式

传统能源的使用主要以煤炭、油田、天然气等进行发电，进行电能的交易。交易主体是化石燃料，化石燃料的燃烧伴随着二氧化碳的排放，全球变暖、雾霾、粉尘、酸雨等极大地影响了人类的生活。生活和工商业活动对能源的需求日益增加，传统能源储存量急剧减少，开采难度也将扩大，传统能源所带来的相关成本（比如环境污染治理成本、人类疾病治疗成本）也非常高。

传统能源（电）的交易模式主要依赖于传统电网，呈现单向的交易模式。随着能源形式的多样化和化石能源的枯竭，传统能源（电）的交易模式呈现出越来越多的弊端。在现阶段中，传统能源（电）交易的垄断性极强、竞争较少，主要是由电力输送机构和终端零售市场进行垄断经营，没有较多层次的供应主体进行市场竞争；其次，在垄断性强、竞争程度小的市场下，电价机制自然得不到相应完善，但市场化的价格较为单一稳定；此外，传统的化石能源发电存在着资源浪费、使用率低、成本较高的现象；最后，在缺乏竞争的市场之下，对于化石燃料等传统能源的开采也将不加节制，同时资源配置得不到优化，忽略了可再生能源的利用。

三、能源互联网的交易模式

传统能源（电）的交易模式已经不能满足时代的需要，但是新的互联网交易的观念尚未形成，目前的发展只处于展望状态。显然从 B2C 到 C2C 的发展是一个小时代的跨越，那么对于能源互联网尚未全面形成的交易，发展显得更为困难。

能源互联网的构建最终目的是实现能源的开放性、节约性与共享性。此交易模式主要是打破能源市场交易的垄断性，实现能源优化配置、提高效率，形成市场化的能源交易体系。交易的实现主要基于能源互联网的两个结构性：物理结构与信息结构，即打通了能源的多向传输通道，实现了电子商务的物流通道（能源传输载体），使得信息流、商流、资金流在某些技术平台能够行走自如。当然这都是基于能源互联网物理结构与信息结构已经足够匹配电子商务环境下的信息能够进行交互的情况下进行的。

笔者主要对未来技术成熟时所实现的市场化、非垄断性、多交易主体的交易模式进行初步研究。目前认为将来适合能源发展的交易模式主要包括 B2C、C2B、C2C 模式。其交易模式框架见图 2-3 所示：

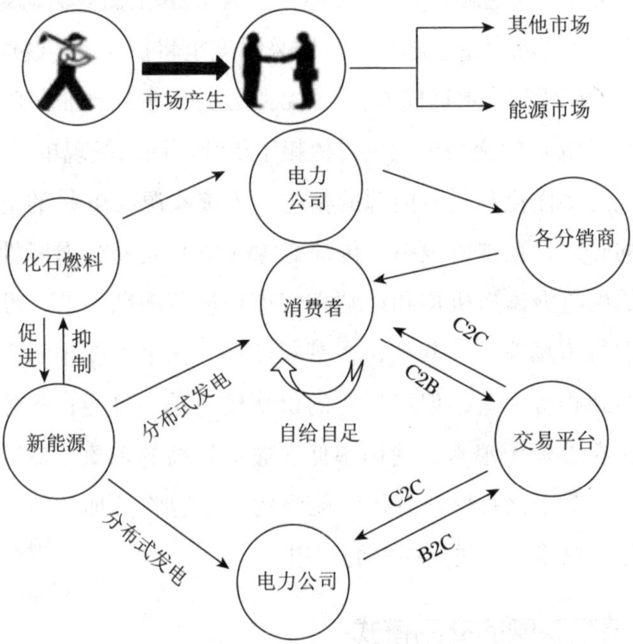

图 2-3　能源互联网交易模式图

（1）B2C 交易模式。能源互联网发展前期：我国能源特别是电能主要是由电厂进行大规模的能源产出，经由集成式的储能装置，通过并入微网的智能电网，以及信息处理技术和各种能源监测终端或交易平台进行能源输送。需要提出的是，此时能源互联网的能源较传统电网来说，是多种新能源的交互。由于目前能源传输网络尚未完善，所以，此时能源交易还处于被传统电厂所垄断的阶段，能源只能通过电厂进行交易，同时，能源的价格主要取决于卖方市场即传统电厂。而且目前分布式发电较为分散，起的作用较小，微电网并网受阻，储能技术不完备，能源互联网还处于一个零散的发展状态。

新电改提出放开售电政策，在未来能源互联网的 B2C 交易市场上，社会资本投资成立售电主体，换句话说，就是只要资质通过，谁都有资格成为售电市场，对于服务运营商来说，他们可以通过承包或投资区域型分布式能源或区域充电桩等充电设备成为运营商，进行电力分销，然后通过充电设备将电力输出赚取售电价差。由于电网等传输网络只能单向传递能量，买方不可选择卖方，只能是最为传统的 B2C 交易模式，但值得注意的是，目前分布式能源已经开始小范围的进行自我生产与储能。

（2）C2B 交易模式。C2B 是能源互联网的逆向模式，从 B2C 发展到 C2B，个体从能源的主动索取到被动出售，这是需求侧与供应侧的有机结合，此时大范围的分布式微网已经实现并网成功，同时分布式能源可以以集成式微网的形式传送给电厂或者是其他企业公司。由于个人与个人之间的交易网络相当繁杂，受多方面因素的影响尚未形成，此时，能源网络多是以电厂为中心，单个个体为各个终端的星形发散式网络。所以，个体利用可再生能源进行分布式发电而产生的电能，除了自用外，剩余的电能可以通过与电厂之间的传输网络进行交易，但此时的能源交易个体虽然由以往单纯的能源需求侧转变为需求加供给的双重身份，但是由于能源传输网络的不完善，导致个体仍不能成为能源交易的决定方。

（3）C2C 交易模式。C2C 是能源互联网的全民性模式，已基本达到了非垄断、交易主体多元化的阶段，这是需求侧与供给侧结合的进一步体现。在

C2C 交易模式下，能源供应者和消费者交易主体的角色和权责可相互转换，使得新能源渗透进社会生活的方方面面，人人参与、人人交易、人人受益。同时，电网公司基本已经退出电力交易市场，仅仅担负着电力传输职能，以收取过网费为目的。此时，各种分布式发电、微电网、储能设备、绿色能源交易体系等已经发展完善，新能源的参与度将大幅提高。

未来储能装置以及充电桩等大规模的普及，家庭式能源通过智能体系达到能源互联的状态，首先，分布式发电装置产出的电能再进行“自发自用”。其次，多余的电能进行“余量上网”。即将富余的电通过充电桩进行交易，比如安装一套光伏发电系统，每天通过光伏易电站监控平台，打开手机 App，登录后可以看到自家电站的发电情况，而且系统里有各种统计数据，观测每月、每季度、每年的发电累计情况，还可以掌握能源交易情况。然后，能源除了通过充电桩进行交易，家庭式能源还可在交易平台上进行交易，通过类似淘宝的 C2C 交易平台，由交易平台的数据库进行配对，独立选择适合双方用电情况的供给者与消费者。比如，供应者 A 在春节假期要回老家过年，在交易平台上公布自己的假期时间，系统通过对天气、往常交易信息（能源质量、能源供给间歇率）等进行综合分析，提交假期的供电计划以及能源电费变化率等信息，发布到交易平台。消费者通过筛选寻找符合自己的最优方案，达成交易。

交易的主体双方由个体到企业转变为个体到个体，这不仅促使能源互联网节能减排的目的得以实现，更能让能源生产的个人直接体验到能源的多层次利用，激励更多的个人进行能源生产，加速能源互联网的发展进程。当然，在此过程中，无论是个人还是企业都可以通过上述方式在交易平台上进行直接交易，也可以通过交易中介进行间接交易，这主要取决于个人的时间以及所有资源的多少。

第三章　河南省能源互联网发展的机遇与挑战

河南省是能源大省，近年来在能源行业发展态势良好，取得了令人瞩目的成就，可再生能源发展迅速，但消纳问题仍十分突出，能源利用效率不高，在一定程度上制约了经济转型。随着中央提出能源革命还原其商品属性，能源的生产、消费和体制都将发生巨大变革，李克强总理关于“互联网+”行动计划的提出，引导我们思考如何利用先进的互联网思维和技术来改造传统能源工业。能源互联网是能源和互联网深度融合的产物，2011 年里夫金的《第三次工业革命》（Rifkin，2011）中将能源互联网作为第三次工业革命的核心之一，产生了广泛影响。2012 年开始，国内开展了一系列关于能源互联网的讨论和初步研究，中国工程科技发展战略研究院将能源互联网列入中国战略性新兴产业，国家电网提出了全球能源互联网构想，清华大学成立了能源互联网创新研究院（孙宏斌等，2015）。这些都为河南省打破传统能源行业发展桎梏，将能源和互联网深度融合，促进河南省能源互联网发展提供了良好的发展机遇。通过一系列政策措施，河南省能源效率在持续提升，能源体制改革初见成效，节能减排效果明显；同时，作为全国重要的战略中心，河南省互联网技术发展迅速，互联网基础设施不断完善，已经具备了能源互联网发展的初步基础和条件。但是，由于经济发展相对落后，资金支持不足；地处内陆信息闭塞、部分新兴能源供给不足；传统能源行业发展遗留的问题仍然存在等原因，河南省能源互联网发展仍存在较多问题，面临诸多挑战。

第一节　河南省能源互联网发展的战略机遇

能源互联网概念的提出具有深刻的环境、经济、社会、技术和政策背景，既是能源系统自身发展的趋势，也有外部对能源系统提出的迫切需求，内因外因相结合，使之具有鲜明的时代意义和巨大的发展空间。河南省地处中部核心区域，是全国承东启西、连南贯北的重要交通枢纽和网络中枢，同时河南省也是能源大省，河南电网位于华中、华北、西北联网枢纽位置，目前河南省正处于能源互联网发展的重要战略机遇期。

一、经济发展机遇

经过 30 多年的高速发展，我国经济进入新常态，面临转变经济发展方式的重要任务，需要培育新的支柱产业和新的经济增长点，促进我国产业升级。能源行业作为国民经济的传统支柱行业，对经济的发展和产业升级具有重要影响。2014 年，中国能源集团 500 强营业总收入 19.58 万亿元，占 GDP 的 34.43%。2015 年，政府工作报告提出实施新能源、燃气轮机等重大项目，把一批新兴产业培育成主导产业，支持新能源汽车等战略性新兴产业。与此同时，互联网对 GDP 的贡献也越来越大。根据麦肯锡研究，2013 年，中国互联网经济占 GDP 的 4.4%，超过了美国和德国。2013—2025 年间，互联网将帮助中国 GDP 年增长 4 万~14 万亿元，相当于 GDP 增长总量的 7%~22%，其中，22%的乐观估计来自于以下假设：相应的扶持性政策框架将很快到位，各行业积极引入新的互联网应用，并打造数字产品和服务的新市场。互联网在能源行业的应用具有非常可观的空间。

河南省是能源大省，能源行业是河南省的传统支柱产业，从图 3-1 可以看出，近 30 年来，河南省经济增长和能源消费总量趋势从整体上来说是一致的，经济增长在很大程度上依赖于能源投入。尤其是在 2009 年之前能源消费总量增长趋势高于经济增长趋势，充分说明河南省产业发展多是高能耗产业。但是，从 2009 年开始能源消费总量增长趋势开始低于经济增长趋势，说明近几年河南省转变经济增长方式，产业结构优化升级，对能源的需求逐渐减少。同时，河南省也在不断深化能源体制机制改革，把“积极推进能源供给侧结构性改革，加快传统能源与新兴能源互补融合，加强能源系统统筹协调和集成优化，提高供需双向互动响应能力……加强能源输配网络和储备应急设施建设，加快形成多元保障的能源供应体系”① 写入了《河南省“十三五”能源发展规划》报告中。目前，河南省已经提出了建设网络经济强省的目标，互联网经济不断发展壮大，焦作、商丘、南阳3市已获批2016年度“宽带中国”示范城市，宽带接入网业务试点范围已扩大至全省；2016年，河南省获批建设国家大数据综合试验区，网络经济迎来了新的发展机遇和增长动能。互联网在河南经济发展中的作用将越来越大，应用范围越来越广，能源与互联网结合在河南省将拥有广阔的发展空间。

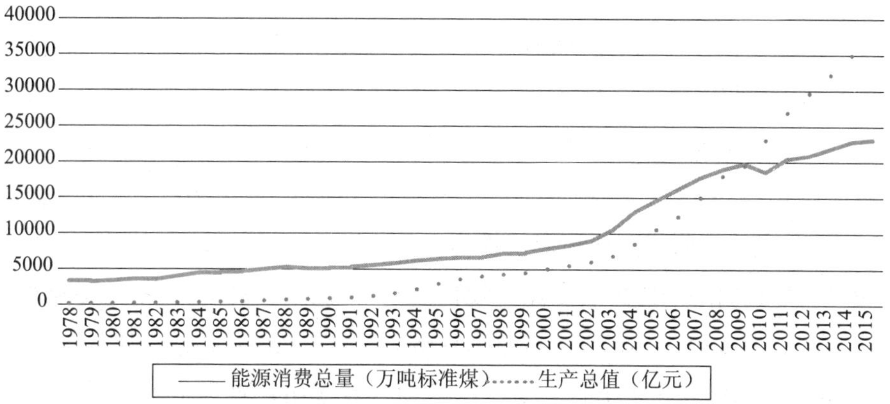

图3-1　1978—2015年河南省生产总值和能源消费总量图

资料来源：《河南统计年鉴2016》

二、社会发展机遇

互联网的普及已经深刻改变了人们的观念和生活方式，也为创新创业提

① 河南省政府办公厅．河南省“十三五”能源发展规划［EB/OL］．河南省人民政府门户网站，2017. 05. 24.

供了低成本和便捷的途径。据 2017 年 1 月 22 日中国互联网络信息中心（CNNIC）发布的第 39 次《中国互联网络发展状况统计报告》① 显示，截至 2016 年 12 月，我国网民规模达 7.31 亿人，互联网普及率达到 53.2%，较 2015 年年底上升了 2.9 个百分点，超过全球平均水平 3.1 个百分点，超过亚洲平均水平 7.6 个百分点。其中，手机网民规模达 6.95 亿人，占比达 95.1%，增长率连续 3 年超过 10%；网络购物用户规模达到 4.67 亿人，占网民比例的 63.4%，较 2015 年年底增长 12.9%；网上外卖用户规模达到 2.09 亿人，年增长率为 83.7%，占网民比例达到 28.5%；搜索引擎用户规模达 6.02 亿人，使用率为 82.4%，用户规模较 2015 年年底增加 3615 万人，增长率为 6.4%；网上预订机票、酒店、火车票或旅游度假产品的网民规模达到 2.99 亿人，较 2015 年年底增长 3967 万人，增长率为 15.3%；使用网上支付的用户规模达到 4.75 亿人，较 2015 年 12 月，网上支付用户增加 5831 万人，年增长率为 14.0%；互联网理财产品的网民规模为 9890 万人，相比 2015 年年底增加用户 863 万人，网民使用率为 13.5%，较 2015 年年底提升 0.4 个百分点；中国在线教育用户规模达 1.38 亿人，较 2015 年年底增加 2750 万人，年增长率为 25.0%；在线教育用户使用率为 18.8%，在 2015 年基础上增加 2.7 个百分点；互联网医疗用户规模为 1.95 亿人，占网民的 26.6%，年增长率为 28.0%；网络预约出租车用户规模达 2.25 亿人，较 2016 年上半年增加 6613 万人，增长率为 41.7%，网络预约出租车用户在网民中的占比为 30.7%，比 2016 年年中增长 8.4 个百分点；网络预约专车用户规模为 1.68 亿人，比 2016 年上半年增加 4616 万人，增长率为 37.9%，网络预约专车用户在网民中占比为 23.0%，比 2016 年上半年提升 5.8 个百分点。可以预见未来人们将更加习惯并依赖于互联网实现各种功能，具有更强的个性化和用户体验需求，也具有更多的选择性。用户行为和选择的改变将推动能源供给和传输的变化。深入人心的互联网思维和互联网体验也正在改变能源行业，在能源市场比较发达的美国、德国等国家，许多融合互联网的新型的能源企业不断出现，比

① 中国互联网络信息中心．2016 年第 39 次中国互联网络发展状况统计报告．中国互联网数据咨询中心，2017.01.22.

如 Opower、Power Shop、Johnson Controls 等。在中国，新能源企业与互联网企业也开始尝试“跨界”合作，如阿里与阳光电源、中石油、中石化的合作，腾讯与四川电网的合作，绿能宝等。全新商业模式的出现将带来整个能源行业的变革。

就河南省的情况而言，2016 年全省互联网用户总数突破 8000 万大关，达到 8145 万户，比 2015 年增长 22.9%，居全国第 6 位（陈辉，2017）。4G 用户 4404 万户，居全国第 5 位，渗透率首次过半，达到 55.8%。移动互联网用户达 6378 万户，移动宽带用户普及率达到 57.3%，固定宽带家庭普及率达到 57.1%；50M 以上宽带用户占比达到 97.4%，居全国第 1 位，为拓展网络经济新空间奠定了良好基础。郑州国际互联网专用通道开通，IPTV、物联网等互联网融合业务取得爆发式增长，IPTV、物联网终端用户分别达到 315 万户、443 万户，居全国第 10 位、第 9 位，较上年增长 599.1%、58.9%。这些都为河南省互联网与能源的深度融合，为能源互联网行业的发展提供了良好的发展机遇。

三、技术发展机遇

能源互联网是能源和互联网的深度融合，能源互联网的发展需要强大的技术支撑。当前，我国无论是能源系统还是互联网技术都有了较大的发展，为能源互联网的发展提供了重要发展机遇。

（一）能源系统发展

能源系统包括电力、供热、供冷、石油、天然气、交通用能等多个子系统，其中，电能由于使用方便、清洁等特点，普及率最高，电力系统的自动化水平也处于领先位置。智能电网是电力系统发展的最新阶段，已被很多国家包括美国、欧盟、中国、日本等视为推动经济发展和产业革命、应对气候变化、建立可持续发展社会的新基础和新动力，取得了许多重要成果。和欧美的智能电网相比，我国智能电网在市场化、需求侧等方面还存在较大差距，而互联网技术为实现真正以用户为中心提供了技术突破的可能性。

近几年，新能源发展十分迅速，除了带来接入和消纳的问题外，也给行业结构带来重要影响。不同于传统能源的集中式发展模式，多种新能源适合分布式发展。分布式能源的发展将使传统的能源消费者变为产消者，从而带来能源生产的去中心化，影响人们的生活工作习惯方式，进而影响整个能源行业的生产、传输、分配和消费方式，也将影响能源交易、融资等模式。在分布式发展迅速的地方，传统发电企业、电网企业已经明显感受到购售电量的下降。

能源领域的另一个重要发展方向是能源的综合利用，即综合能源系统。传统的能源子系统之间相对孤立，形成多个能源孤岛，不利于提高能效和可再生能源消纳。综合能源系统涵盖多个能源子系统，可以通过多种能源的综合管理和梯级利用，大幅提高能源的使用效率和减少碳排放，提高可再生能源的消纳能力，增强系统的可靠性和应对突发情况的能力，帮助边远地区实现能源供给。综合能源系统近年来得到了较快发展，尤其是在欧洲发展迅速。

（二）互联网技术发展

互联网是现代信息系统发展最重要的成果之一。互联网起源于 20 世纪 60 年代的美国，经过几十年的迅速发展，已经形成了全球性的互联网络。互联网技术在不断地快速演进，从集中式走向分布式，从用户单向接收信息的 Web1.0 时代进入了用户双向互动的 Web2.0 时代，移动互联网迅速发展。近几年，随着大数据、云计算、分布式计算、人工智能等新技术不断发展，互联网也向更高层次发展，以物联网技术为代表，将人与人的互联扩展到物与物、人与物的互联。互联网深刻影响了人类社会的各个层面，改变了人们生活和工作方式，甚至影响了人们的思维理念。互联网是目前最活跃的行业之一，新的企业和商业模式不断出现，并且正在改造和颠覆许多传统行业，比如零售、批发、广告、媒体、通信、物流、交通、餐饮、金融、教育、出版、手机等行业，创造了像阿里巴巴、腾讯、百度、小米等互联网巨头，产生了消费者对消费者（Customer to Customer，C2C）、消费者对企业（Consumer to Business，C2B）、（Business to Customer，B2C）、企业对企业（Business to Business，B2B）、线上到线下（Online to Offline，O2O）、大规模在线开放课程（Massive Open Online Courses，MOOC）、创客、维基、众包、众筹等新的商业模式。能源行业作为国民经济的支柱行业之一，也必将成为互联网改造和融入的对象。

四、政策发展机遇

能源互联网作为新兴产业，要想获得快速、长效发展，必须有政策基础。目前，我国已经出台了与能源互联网发展密切相关的政策，这为河南省能源互联网的发展提供了良好的政策机遇。

（一）创新驱动战略

2015 年 3 月 13 日，《中共中央国务院关于深化体制机制改革加快实施创新驱动发展战略的若干意见》发布，创新驱动成为我国的国家战略。其目标是："使市场在资源配置中起决定性作用和更好发挥政府作用……营造大众创业、万众创新的政策环境和制度环境"。[①] 具体到能源领域，2014 年发布的《能源发展战略行动计划（2014—2020 年）》已经将创新驱动作为四大战略之一。创新驱动战略的实施，将激发全社会创新创业的热情，众筹、众创、创客等的兴起是最明显的体现。互联网降低了创新门槛，为创新提供了更多可能，具有庞大市场的能源领域将成为万众创新的沃土。

（二）能源革命相关政策

2014 年 6 月 13 日，中央财经领导小组第六次会议研究中国能源安全战略。习近平提出能源生产和消费革命是国家的长期战略，定调"推动能源体制革命，还原能源商品属性"，构建有效竞争的市场结构和市场体系，强调"推动能源技术革命，把能源技术及其关联产业培育成带动我国产业升级的新增长点"。[②] 2015 年 3 月 15 日通过的《中共中央国务院关于进一步深化电力体制改革的若干意见》的改革重点可以概括为"三放开、一独立、一深化、三加强"，将进一步推进我国电力市场的形成。各项配套的政策正在逐步出台

① 新华社．中共中央国务院关于深化体制机制改革加快实施创新驱动发展战略的若干意见［EB/OL］．中央政府门户网站，2015. 03. 23.

② 国家能源局．习近平主持召开中央财经领导小组会议［EB/OL］．央视网，2014. 06. 17.

和完善，我国能源革命的大幕已经拉开。在新能源消纳方面，政府已经出台许多促进措施。2015 年 3 月 20 日发布的《国家发展改革委、国家能源局关于改善电力运行调节促进清洁能源多发满发的指导意见》鼓励清洁能源发电参与市场，鼓励清洁能源优先与用户直接交易。在电价改革方面，大用户直供已经在多地开展，输配电价改革试点已经在深圳开展，商业电价每千瓦时平均降价 8.43 分。内蒙古也已经启动输配电价改革，近日，安徽、湖北、宁夏、云南省（区）、贵州五省成为新的试点。在需求侧管理方面，2015 年 4 月 7 日发布的《国家发展改革委、财政部关于完善电力应急机制做好电力需求侧管理城市综合试点工作的通知》提出，试点城市及所在省份要加强电力需求侧管理平台建设，并要求通过手机 App 等方式，向试点地区的用户提供精准实时用电数据，以便吸引用户参与需求响应。2016 年颁布的《“十三五”规划纲要》① 指出：“要以提高发展质量和效益为中心，以推进供给侧结构性改革为主线，着力调整存量、做优增量，着力培育能源生产消费新模式、新业态，着力提高能源普遍服务水平，努力构建清洁低碳、安全高效的现代能源体系，促进经济社会发展行稳致远。”

（三）“互联网+”相关政策

2015 年 3 月 5 日，李克强总理在政府工作报告中提出：“制定‘互联网+’行动计划，推动移动互联网、云计算、大数据、物联网等与现代制造业结合，促进电子商务、工业互联网和互联网金融健康发展，引导互联网企业拓展国际市场。”7 月 1 日发布的《国务院关于积极推进“互联网+”行动的指导意见》中，“互联网+”智慧能源成为重点行动，“通过互联网促进能源系统扁平化”，其目标和内容与能源互联网具有一致性，并明确提出建设能源互联网。

“互联网+”战略顺应了世界工业发展的趋势。德国提出了工业 4.0 战略，美国提出了工业互联网战略，其核心特点都是利用互联网技术大幅提升生产率，降低成本，推动经济发展。据美国通用电气预测，未来 20 年工业互联网

① 中华人民共和国国民经济和社会发展第十三个五年规划纲要．人民日报，2016.03.18.

将再造一个美国经济。“互联网+”战略上升至国家层面，将对我国的各行各业，尤其是工业、能源等行业的发展产生极大的推动作用。2015 年 9 月 26 日，习近平主席在联大发展峰会上发表重要讲话，发出了“探讨构建全球能源互联网，推动以清洁和绿色方式满足全球电力需求”的倡议。此后，全球能源互联网工作迅速发展，2015 年 12 月 31 日，由国家电网公司投资注册的全球能源互联网集团有限公司正式成立。2016 年 2 月，国家发展改革委员会、国家能源局、工业和信息化部联合印发《关于推进“互联网+”智慧能源发展的指导意见》，明确了能源基础设施智能化改造、建设多能协同综合能源微网、培育开放共享的市场体系、建立技术标准体系等十大任务，并提出能源互联网建设分为两个阶段推进：2016—2018 年，着力推进能源互联网试点示范工作，建成一批不同类型、不同规模的试点示范项目①。2019—2025 年，着力推进能源互联网多元化、规模化发展，初步建成能源互联网产业体系，形成较为完备的技术及标准体系并推动实现国际化。2016 年 3 月 29 日，以“全球能源互联网——以清洁和绿色方式满足全球电力需求”为主题的 2016 全球能源互联网大会在北京召开。同时，全球能源互联网发展合作组织宣告成立，成为中国在能源领域发起成立的首个国际组织（张景超，2016）。2016 年 7 月 26 日，国家下发《“互联网+”智慧能源试点实施方案》②，明确了建设试点示范工程项目的路线图和时间表。试点示范重点是要推动先进储能、智能电网等一批产品和技术加快实现突破，预计 2016 年会带来超过 400 亿元的投资。同时，国家发展改革委在能源互联网领域也安排了 3 亿~4 亿元的专项建设资金，对首台套设备和重要的研发示范项目给予支持。在实施当中，将大力推广和利用社会资本进入这个领域，拓宽能源互联网的融资渠道。2017 年 2 月 22 日，全球能源互联网发展合作组织召开成果发布会③，发布了《全球能源互联网发展战略白皮书》《跨国跨洲电网互联技术与展望》《全球能源互联网发展与展望（2017）》三项创新成果，分析当今世界清洁能源、

① 新华社．能源互联网建设将启动试点示范．新华网，2016. 06. 24.

② “互联网+”智慧能源试点示范项目即将启动．电器工业，2016. 09. 05.

③ 全球能源互联网发展合作组织召开成果发布会．电力与能源，2017. 02. 20.

电网技术、跨国联网等情况，提出了全球能源互联网发展战略体系、发展思路和战略重点，为推动全球能源互联网发展提供了战略指引和行动指南。

五、区位发展机遇

河南省位于我国中部偏东、黄河中下游，与冀、晋、陕、鄂、皖、鲁六省毗邻，东西长约580公里，南北跨约550公里，正处于我国第二阶梯向第三阶梯的过渡地带，位置适中。河南省在全国的版图上，从政区和交通地位来看，占着居中的地位。以河南为中心，北至黑龙江畔，南到珠江流域，西到天山脚下，东抵东海之滨，大都跨越两至三个省区。若以省会郑州为中心，北距京津唐，南下武汉三镇，西入关中平原，东至沪、宁、杭等经济发达地区，其直线距离大都在600~800公里之内。在历史上，河南省一向是我国人民南来北往、西去东来的必经之地，也是各族人民频繁活动和密切交往的场所。在当前大力发展社会主义市场经济、开发中西部地区的形势下，对全国经济活动中的承东启西，通南达北的重要作用是其他省区不可比拟的。

河南省是我国粮食生产大省，用全国1/16的耕地生产了全国1/4的小麦，1/10的粮食，为我国粮食安全作出了突出贡献，已经成为国人的大粮仓。2009年8月，国家发布了《国家粮食战略工程河南粮食生产核心区规划》，进一步奠定了河南粮食生产的中心地位。2011年11月，《全国主体功能区规划》国家文件的确立，标志着中原经济区已正式上升到国家战略层面，也预示着中原经济区纳入国家层面的重点开发区域。以河南省为主体的中原经济区的确立，对河南省经济的发展具有重要的战略性意义。河南省把功能首要定位于打造全国重要的高新技术产业、先进制造业和能源原材料基地、区域性的科技创新中心，重点发展电子信息、装备制造新型建材、生物、新材料、新能源、新能源汽车、高端装备等战略性新兴产业。中原经济区的确定与规划目标，对发展战略性新兴产业、推进河南省工业化、城镇化带来重大战略机遇（王红，2013）。2013年3月7日，中国首个以航空港经济为主题的《郑州航空港经济综合实验区发展规划（2013—2025年）》，被国务院正式批复。郑州航空港区获批以来，河南省委、省政府把郑州航空港区作为中原经济区建设的战略突破口和关键抓手，明确提出“建设大枢纽、发展大物流、培育大产业、塑造大都市”的总体思路。2016 年 4 月 5 日，郑洛新国家自主创新示范区获得国务院批复，成为继粮食生产核心区、中原经济区、郑州航空港经济综合实验区之后，国家赋予河南省的又一重大战略。四大国家战略的实施，充分彰显了河南省在全国的重要发展地位，也为河南省能源互联网行业的发展提供了良好的区位发展机遇。

第二节　河南省能源互联网发展的基础和条件

河南省是能源大省，能源资源储备丰富、种类齐全。目前，河南省能源发展总体良好，能源效率不断提高，能源结构不断优化，能源体制机制改革取得突破，能源行业发展势头良好；同时，河南省互联网经济快速发展，互联网基础设施建设成果显著，互联网行业发展势头良好，能源发展与互联网融合不断深化。立足经济发展新常态和能源发展变革的新形势，河南省深入贯彻国家“节约优先、绿色低碳、创新驱动的”的能源发展战略，着力构建统筹内外的多元能源保障体系，持续推动能源发展方式转变，有效地支撑和保障了经济社会发展需要，为河南省未来能源互联网的发展奠定了坚实基础。

一、能源储备丰富，种类齐全

河南省跨华北陆块和秦岭造山带两个大地构造单元，地层出露齐全，岩浆活动强烈，地质构造复杂，成矿作用多样，是我国重要的能源基地，能源资源的种类比较齐全，拥有较丰富的储量，而且部分能源资源品质优良，是河南省能源利用和经济发展的有利条件。据统计资料显示，截至 2016 年年末，河南省内已经发现的各类矿产总共有 144 种，已查明资源储量的矿种 110 种，已开发利用的矿种 93 种。其中，能源矿产 6 种，金属矿产 23 种，非金属矿产 62 种，水气矿产 2 种。在这些矿产中，已经被探明储量的有 75 种，已经被开发并得到利用的有 86 种。在已被探明的矿产资源中，储量能够位居全国榜首的就有 8 种，能够位居全国前 3 甲的有 19 种，能够在前 5 位之列的有 26

种。在所有的矿产资源中，煤、铝、钼、金、石油、天然气、天然碱、萤石、耐火粘土等的储量是比较大的，其中，石油保有储量居全国第12位，煤炭居第8位，天然气居第17位。由于特殊的地理位置，河南省的风能与太阳能资源比较丰富。全省的水力资源理论蕴藏量达490万千瓦，核能（铀）资源的保有储量为1751吨。

就能源矿种而言，截至2010年，河南省发现的能源矿种中，已开发利用的有7种：煤、石油、天然气、地下热水、石煤、煤层气、铀。现有矿山企业837家，从业人员35.4万余人。工业总产值8866631万元，利润总额为1819634万元。其中，煤、石油、天然气三大优势能源矿产，资源储量与开发产值较大。

煤炭是河南省工业的支柱产业，目前已形成了以国有重点煤炭企业开发为主体，地方乡镇煤矿为副的煤炭生产开发格局。河南省通过停产整顿，资源整合，按照“先关闭后整合、以大并小、以优并劣”的原则完善煤矿资源整合方案。通过煤炭资源整合，资源向大型企业倾斜，减少了小矿的数量。2010年，河南省拥有大型采矿企业34家，小型及小矿615家（以集体企业198家、有限责任公司270家为主）；实际采矿能力为16405.36万吨/年，从业人数534015人，生产煤炭14999.04万吨，工业总产值7722825.21万元，利润总额为1153656.02万元，保持产煤大省地位。2016年，河南省规模以上工业企业原煤产量11905.26万吨，同比下降12.1%，降幅较2015年扩大4.1个百分点。河南省是国家规划建设的13个全国大型煤炭基地之一，又紧邻山西、陕西煤炭大省，交通便利，煤炭输入、输出通道畅通，担负向中南、华东地区供煤的任务。我省原煤产量及进入量自给有余，除供本省消费外，还销往外省和出口国外。

截至2010年年底，中原油田和河南油田累计探明石油技术地质储量75147万吨，剩余地质技术储量5183万吨，累计探明天然气地质技术储量1080.52亿立方米，剩余地质技术储量98.83亿立方米。矿山企业36家，从业人员36366人，生产石油516.31万吨，天然气8.82亿立方米，工业总产值2683764万元，利润总额为843841万元。

除了丰富的煤炭、石油、天然气等常规能源可以开发利用，河南省还有许多新能源可供开发利用。

河南省是一个农业大省，生物质能资源的种类非常广泛，农村每年有各类秸秆 1 亿吨；有各种牲畜粪便 3 亿吨；有人粪尿 2 亿吨。仅利用其中 60%用来生产沼气，就完全可以解决农村生活用能。而且生物质能利用技术（如沼气发酵等）相对成熟，由于其适于小规模发展，目前在河南省农村的推广已初具规模。根据河南省农村能源环保总站的统计，河南省已经建成秸秆气化站 80 多处，供气可达 20000 户，年可消耗秸秆 18474 吨，全省在建和已经建成的秸秆气化集中供气工程已经达到 100 多处。

河南省地处季风气候影响范围内，风能有明显的季节性变化。年平均风速在 3 米/秒米/秒以上的地区，风能就具有开发利用的价值。河南省年平均风速在 1. 6~4 米/秒之间，其中，豫北平原年平均风速 4. 0 米/秒左右；京广铁路线以东的平原地区，年平均风速 3 米/秒左右；豫西山区及太行山、大别山山区，年平均风速在 2 米/秒以下，其他地区年平均风速在 3 米/秒左右。在全国范围内，河南省属风能资源贫乏地区，但有不少地区仍具有风能开发利用的潜力。全省有三个风能高值地区：①豫东平原的延津、封丘、长垣、新乡一带，年平均有效风能密度在 100 瓦/平方米以上，年平均有效风能（3~20 米/秒风速）的总时数在 3500~4500 小时之间（约 145. 8~187. 5 天），其中，风速 V≥6 米/秒的时数在 1000 小时左右；②紧靠郑州至宝丰一带的两侧，年均有效风能密度也在 100 瓦/平方米以上，最高可达 130 瓦/平方米，年平均有效风能时数在 3000 小时左右，其中，风速 V≥6 米/秒的时数在 500~1000 小时之间；③方城、鲁山、叶县一带，年平均有效风能密度在 100 瓦/平方米左右，有效风能时数在 2000~3000 小时，其中，风速 V≥6 米/秒的时数在 700 小时左右。该区域的风能资源具有较高的开发利用价值。

河南省位于我国中部偏东地区，处在东经 102°21’~116°39’，北纬 31°23’~36°22’之间，气候温和、日照充足，太阳能资源在全国处于较丰富地带，年平均气温为 12. 6~16. 5℃，全年日照时数为 2200~3000 小时，辐射量在 502~586×104KJ/cm^2·a，相当于 170~200 公斤标准煤燃烧所发出的热量，具有相当高的利用价值（郭晓昱，2005）。

河南省地处黄河、长江、淮河、海河四大流域，水电资源理论蕴藏量为

490万千瓦，可开发水电资源315万千瓦，除黄河干流外，其中，适宜中小水电可开发资源为98万千瓦。可开发量较多的地（市）有：洛阳市31.5万千瓦，南阳市21.8万千瓦，信阳地区14.2万千瓦，三门峡市9.7万千瓦，焦作市4.4万千瓦，安阳市4.7万千瓦。6市（地）的可开发量占全省可开发量的88%。河南省小水电开发始于1937年，新中国成立初期，全省仅有小水电48千瓦，截至2000年年底，全省小水电装机已达30.8万千瓦，在建2万千瓦，近15年新增装机12万千瓦，电气化县的通电率、用电量都有了大幅度的提高。截至2013年年底，全省已建成小水电站520座，总装机48.04万千瓦，装机容量占技术可开发量的47.94%（张亚强，2016）。

二、能源供需总体平稳，保障能力增强

受到资源禀赋和能源行业发展的影响，当前河南省煤炭产量不断下降，天然气和可再生能源利用量不断增长，电力供应相对宽松，能源生产供应总体平稳有序。自2000年以来，河南省能源生产总量呈现“先升后降”的变化趋势（见图3-2），下降态势明显。2000—2010年，河南省能源生产总量持续快速增长，由2000年的6591万吨标准煤上升至2010年的17438万吨标准煤。其中，原煤产量占一次能源生产的比重由83.7%上升至92.4%（见表3-1）。自2010年以来，受到省内煤炭资源可开采量下降、开采难度不断加大，以及能源发展转型升级和供给侧结构性改革持续推进等因素的影响，河南省能源生产总量总体呈持续下降态势，由2010年的17438万吨标准煤下降到2016年的10298万吨标准煤，降幅明显，“十二五”期间年均下降8.4%。煤炭在河南省能源储备中一直占比最大，作为河南省能源生产的支柱行业，煤炭产量的降低是导致河南省能源生产总量下降的根本原因。2010—2015年，河南省原煤占一次能源生产的比重由92.4%下降至89.3%；原油和天然气所占比重相对稳定；水电所占比重有所上升，由2010年的1.8%上升到2015年的5%。2015年，河南省能源生产总量为1.12亿吨标准煤，同比下降4.8%，2016年河南省能源生产总量为1.03亿吨标准煤，同比下降8.3%。随着供给侧结构性改革的进一步推进，河南省煤炭行业去产能、提质效工作还将持续深入，

未来河南省能源生产总量仍面临较大下行压力（魏胜民等，2017）。

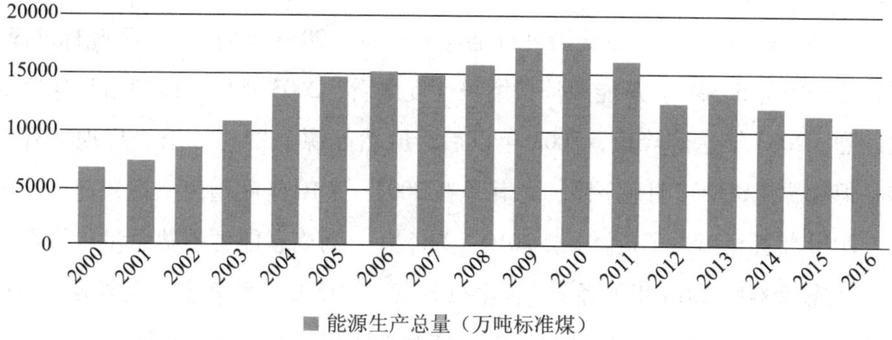

图 3-2　2000—2016 年河南省能源生产总量

资料来源：2000—2015 年数据来自《河南统计年鉴 2016》，2016 年数据来自《河南能源发展报告（2017）》

表 3-1　2000—2015 年河南省能源生产总量构成

年份	原煤（%）	原油（%）	天然气（%）	水电（%）
2000	83. 7	12. 2	2. 8	1. 4
2001	84. 0	11. 2	2. 9	1. 9
2002	85. 2	9. 8	2. 8	2. 3
2003	88. 3	7. 4	2. 3	2. 0
2004	90. 1	5. 7	1. 7	2. 2
2005	91. 3	5. 0	1. 8	1. 9
2006	91. 7	4. 7	1. 7	2. 0
2007	91. 8	4. 8	1. 4	2. 0
2008	92. 6	4. 4	1. 2	1. 8
2009	93. 4	4. 0	0. 8	1. 8
2010	92. 4	4. 1	0. 5	3. 0
2011	91. 3	4. 4	0. 4	3. 9
2012	90. 2	5. 6	0. 5	3. 7
2013	90. 6	5. 2	0. 5	3. 7
2014	89. 8	5. 7	0. 6	3. 9
2015	89. 3	5. 2	0. 5	5. 0

资料来源：《河南统计年鉴 2016》

河南省是人口大省，2016 年人口总量达到 10788.14 万人，同时河南省也是能源消费大省，从图 3-3 可以看出河南省能源消费总量自 1978—2015 年总体呈上升趋势，由 1978 年的 3353 万吨标准煤上升到了 2015 年的 23161 万吨标准煤，平均增长率为 5.36%。从能源消费增长速度来看，2003 年以前能源增长速度波动剧烈，2003 年达到峰值，2003 年以后，虽然能源消费总量仍然呈现上升趋势，但能源消费增速明显下降，尤其是在 2003—2010 年间增速呈现快速下降趋势，2010 年甚至出现了负增长。2010—2015 年，河南省能源消费总量年均增长 4.4%，较 2000—2010 年下降了 4.4 个百分点；2015 年，河南省一次能源消费总量 2.32 亿吨标准煤，同比增长 1.2%，增速较上年降低 3.3 个百分点；2016 年，河南省能源消费总量为 2.38 亿吨标准煤，同比增长 2.8%。能源消费增速下降充分说明了河南省产业节能降耗，能源发展转型取得了明显成效，说明河南省贯彻实施“内节外引”的能源战略、持续推进能源发展方式转型取得了明显效果。从人均用能水平看，2015 年河南省人均一次能源消费量为 2.2 吨标准煤、人均用电量 3038 千瓦时，仅为全国平均水平的 69.1%和 75.3%，仍处于较低水平，与国内江苏、浙江等省份还存在一定差距。未来随着经济社会发展和人民生活水平提高，河南省能源消费总量仍将持续增长。

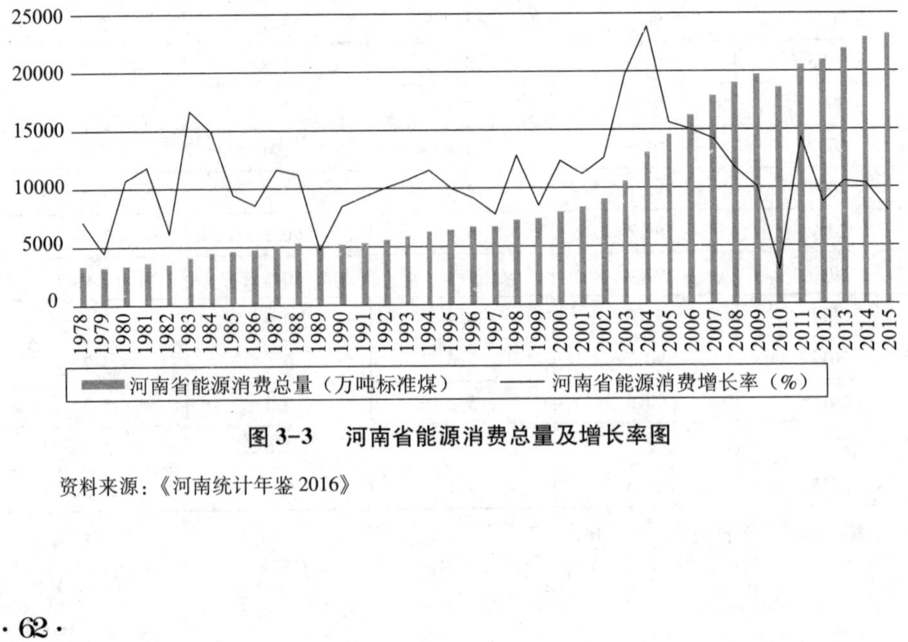

图 3-3　河南省能源消费总量及增长率图

资料来源：《河南统计年鉴 2016》

近年来，河南省积极贯彻“内节外引”的能源发展战略，按照“四基地（省内清洁煤炭基地、先进生物质能示范基地、绿色煤电基地、中原炼化基地）、一枢纽（全国电力联网枢纽）、两中心（重要煤炭储配中心、区域性油气输配中心）”的总体布局，努力打造、构建“内节外引”的多元化能源保障格局。“十二五”期间，全国首条1000千伏交流特高压晋东南—荆门示范工程和首条疆电外送通道天山—中州±800千伏直流特高压工程建成投产，河南省成为全国第一个跨区交直流特高压混联省级电网，在全国电力联网的地位显著提升。晋豫鲁铁路输煤通道投入运行，蒙西—华中铁路输煤通道开工建设；兰州—郑州—长沙成品油、西气东输二线、端氏—博爱煤层气等跨省油气管线和省内配套管网设施相继建成，全省油气长输管道达到7500公里，省外能源入豫能力显著提升。因此，虽然河南省能源消费仍将持续增长，但随着能源消费增速放缓，人民生活、消费方式不断变革，新能源不断开发利用，省外能源入豫能力不断提升，河南省能源保障能力将会逐渐增强。

三、煤炭占比下降，能源结构不断优化

受能源资源禀赋的影响，河南省煤炭资源丰富，一直是河南省的支柱行业，在河南省一次能源消费结构中占有举足轻重的地位。近年来，河南省积极调整产业结构，注重产业结构和能源结构优化升级，积极转变能源发展方式，取得了明显成效。煤炭占一次能源消费的比重呈现下降趋势，由1978年的92.8%下降至2015年的76.5%，尤其是2010年之后，煤炭消费量占比降幅明显，“十二五”期间下降了6.3个百分点；石油、天然气、水电所占比重逐年增加，分别由1978年的6.8%、0、0.9%增长至2015年的13.1%、4.5%、5.9%。清洁能源消耗量增加最为迅速，天然气消费量由1980年的6.778万吨标准煤增长至2015年的1042.25万吨标准煤，比1980年增加了153%。水电的消费量由1978年的30.18万吨标准煤增长至2016年的1366.50万吨标准煤，增加了44.28%。（见表3-2）。2016年，河南省能源结构进一步优化，非化石能源利用量达到1430万吨标准煤，同比增长6%，占一次能源消费的比重上升至6.0%。河南省生物质能、风能、太阳能、地热能等可再生

能源储量丰富，开发利用发展迅速。2016 年年底，河南省光伏、风电、生物质能发电装机已达到 438.7 万千瓦，全年非水可再生能源发电量达到 55.6 亿千瓦时，同比增长 40.2%。随着光伏、风电等可再生能源开发技术的进步和开发成本的下降，新能源的开发价值更加凸显，从全省近期新能源投资及开发情况看，河南省能源结构将继续向着绿色、低碳的方向转变。

表 3-2　1978—2015 年河南省一次能源消耗结构

年份	煤炭		石油		天然气		水电	
	总量（万吨标准煤）	比重（%）	总量（万吨标准煤）	比重（%）	总量（万吨标准煤）	比重（%）	总量（万吨标准煤）	比重（%）
1978	3094.82	92.30	228.00	6.80	0.00	0.00	30.18	0.90
1979	2972.99	92.10	222.73	6.90	0.00	0.00	32.28	1.00
1980	3104.32	91.60	237.23	7.00	6.78	0.20	40.67	1.20
1981	3297.76	91.30	249.23	6.90	21.67	0.60	43.34	1.20
1982	3243.16	91.10	231.40	6.50	32.04	0.90	53.40	1.50
1983	3667.82	90.90	262.28	6.50	44.39	1.10	60.53	1.50
1984	4071.34	91.00	290.81	6.50	53.69	1.20	58.16	1.30
1985	4151.58	89.90	323.26	7.00	83.12	1.80	60.03	1.30
1986	4158.05	88.30	395.56	8.40	103.60	2.20	51.80	1.10
1987	4425.30	88.40	420.50	8.40	110.13	2.20	50.06	1.00
1988	4641.08	87.70	465.70	8.80	132.30	2.50	52.92	1.00
1989	4483.22	87.70	444.74	8.70	117.58	2.30	66.46	1.30
1990	4570.87	87.80	437.30	8.40	135.36	2.60	62.47	1.20
1991	4735.53	88.30	455.86	8.50	117.99	2.20	53.63	1.00
1992	4935.37	88.40	468.97	8.40	128.41	2.30	50.25	0.90
1993	5170.28	88.20	515.86	8.80	117.24	2.00	58.62	1.00
1994	5459.33	87.70	560.25	9.00	136.95	2.20	68.48	1.10
1995	5670.35	87.60	621.41	9.60	116.51	1.80	64.73	1.00
1996	5822.25	87.50	652.09	9.80	113.12	1.70	66.54	1.00
1997	5892.26	87.80	644.26	9.60	114.09	1.70	60.40	0.90
1998	6345.74	87.60	709.91	9.80	115.90	1.60	72.44	1.00
1999	6457.50	87.50	723.24	9.80	125.46	1.70	73.80	1.00

续表

年份	煤炭		石油		天然气		水电	
	总量（万吨标准煤）	比重（%）	总量（万吨标准煤）	比重（%）	总量（万吨标准煤）	比重（%）	总量（万吨标准煤）	比重（%）
2000	6937.04	87.60	760.22	9.60	134.62	1.70	87.11	1.10
2001	7279.29	87.00	794.87	9.50	158.97	1.90	133.87	1.60
2002	7798.33	86.60	837.47	9.30	180.10	2.00	189.11	2.10
2003	9185.87	86.70	995.93	9.40	201.31	1.90	211.90	2.00
2004	11322.08	86.60	1202.81	9.20	261.48	2.00	287.63	2.20
2005	12753.00	87.20	1272.38	8.70	321.75	2.20	277.88	1.90
2006	14188.52	87.40	1298.72	8.00	405.85	2.50	340.91	2.10
2007	15643.93	87.70	1409.20	7.90	445.95	2.50	338.92	1.90
2008	16547.07	87.20	1518.08	8.00	493.38	2.60	417.47	2.20
2009	17183.37	87.00	1560.33	7.90	553.03	2.80	454.27	2.30
2010	15395.83	82.80	1729.24	9.30	632.20	3.40	836.73	4.50
2011	16696.99	81.60	2128.05	10.40	736.63	3.60	900.33	4.40
2012	16736.00	80.00	2405.80	11.50	983.24	4.70	794.96	3.80
2013	16913.75	77.20	2826.26	12.90	1051.63	4.80	1139.27	5.20
2014	17785.53	77.70	2884.14	12.60	1030.05	4.50	1213.17	5.30
2015	17718.17	76.50	3034.09	13.10	1042.25	4.50	1366.50	5.90

资料来源：《河南统计年鉴2016》

从行业能源消费结构来看，河南省能源消费结构也在不断优化，高载能行业能源消费增速放缓，先进制造业和现代服务业能源消费快速增长。2016年上半年，河南省化工、黑色、有色、非金属等传统高载能行业能源消费分别增长0.8%、1.2%、-8.7%、-4.6%，增速均低于全省平均水平。金属制品、机械和设备维修、家具制造等行业能源消费增速较高，分别为4%、3.4%和3.3%。随着河南省产业结构优化升级，能源行业转变能源发展方式，能源供给侧结构性改革不断推进和大气污染防治攻坚战的实施，未来河南省高载能行业的能源消费增速仍将维持较低水平。从用电情况看，2016年的第三产业和居民用电量快速增长，分别增长9.84%和9.77%，增速较上年分别上升6.5个和14.6个百分点，居民生活和服务业成为带动全社会用电量增长的主要力量。同时，高成长性制造业用电量增速较高，并持续高于传统行业和高载能行业。从总体上看，服务业、电子设备制造、食品等低能耗、高附加值行业成为支撑能源消费增长的主要力量。未来随着产业结构和能源结构调整继续深入推进，传统的高载能行业能源消费增速将进一步放缓，河南省能源消费结构将会进一步优化。

四、能源效率提升，节能减排效果显著

改革开放以来，河南省能源利用效率明显提升，这一点可以从单位GDP能耗（能源消费强度）的变化看出。单位GDP能耗是衡量能源利用效率高低的重要指标，由图3-4可知，1978—2015年间，河南省万元GDP能耗由1978年的20.58吨标准煤/万元下降到2015年的0.63吨标准煤/万元，下降了97%。其中，1978—1996年间下降速度较快，1996年之后下降速度放缓；1990—2015年，全省万元GDP能耗年均下降4.7%；2015年全省万元GDP能耗约0.63吨标准煤，同比下降6.6%，降幅较上年扩大了2.5个百分点。

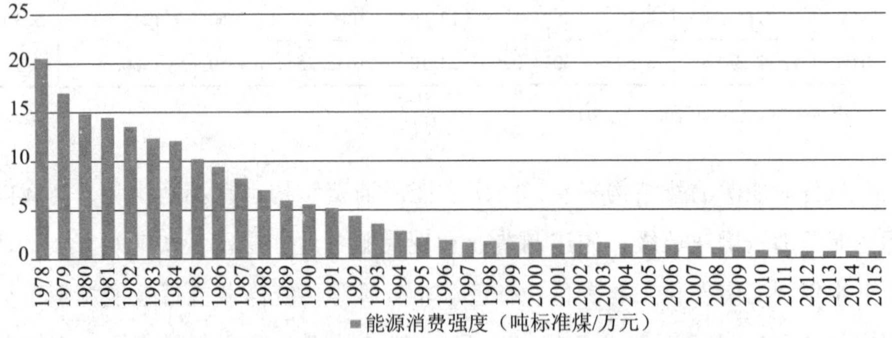

图3-4 1978—2015年河南省单位产值能耗变化情况

资料来源：《河南统计年鉴2016》

在能源利用效率不断提升的同时，河南省节能减排成效不断显现。2016年7月1日，河南省人民政府下发了七个实施方案，包括《河南省治理扬尘污染攻坚战实施方案（2016—2017年）》《河南省治理工业大气污染攻坚战

实施方案（2016—2017年）》《河南省治理燃煤污染攻坚战实施方案（2016—2017年）》《河南省治理重点行业挥发性有机物污染攻坚战实施方案（2016—2017年）》《河南省淘汰黄标车和老旧车及治理机动车污染攻坚战实施方案（2016—2017年）》《河南省秸秆焚烧攻坚战实施方案（2016—2017年）》《河南省重污染叹气应急应对攻坚战实施方案（2016—2017年）》，成为河南省大气污染防治攻坚战的行动蓝本，统筹推进扬尘污染治理、工业污染治理、燃煤污染治理、机动车污染治理等，有力地推进了节能减排和空气质量改善，促进了经济、社会、环境的全面可持续发展。全年完成了全省所有统筹燃煤机组共计143台5619万千瓦的超低排放改造，预计每年可减少二氧化硫排放2.8万吨，减少二氧化碳排放2.3万吨，以及烟尘排放7.1万吨。成品油提质升级工程全面实施，在2015年完成全省汽柴油标准由国Ⅲ向国Ⅳ提升的基础上，2016年提前两个月完成省内国Ⅴ车用汽油、柴油供应，从油品质量源头有效地降低了废气污染排放。燃煤治理成效显著，2016年前三季度，基本完成省内3492台10蒸吨及以下燃煤锅炉拆改，完成1361台非电行业燃煤锅炉提标治理，预计每年可减少耗煤量560万吨。全省稳步推进以电代煤、以气代煤战略，2016年8月15日《河南省电能替代工作实施方案（2016—2020）》正式出台，明确了河南省电能替代工作的总体要求、主要目标、重点工作、支持政策等，为全面推进电能替代提供了政策依据；2016年9月7日，《河南省天然气替代煤专项方案（2016—2020）》出台实施，该方案通过重点工程实施：燃煤锅炉天然气替代工程、散煤替代工程、天然气热电联产（含天然气分布式能源）工程、天然气气源保障工程，2016年完善天然气替代配套政策体系，各省辖市建成区和各县（市）集中供热供气范围内所有10吨及以下/时燃煤锅炉全部改为天然气锅炉。随着电能替代工作实施方案和天然气替代煤专项方案的实施，河南省2016年全年推广电采暖56万立方米，12万户农村居民实现厨炊永久电气化，完成天然气代煤量4000万立方米，气代散煤户数2万户，有力推动了全省能源结构优化，降低了二氧化硫、烟（粉）尘等污染物排放水平。从二氧化硫、烟（粉）尘等污染物排放量看，全省污染物排放水平总体呈现下降趋势，节能减排成效明显。2005年，河南省二氧化硫排放量为162.45万吨，2015年下降到114.43万吨（见图3-5）；2005年河南省烟（粉）尘排放量为163.28万吨，2015年下降到84.6万吨。

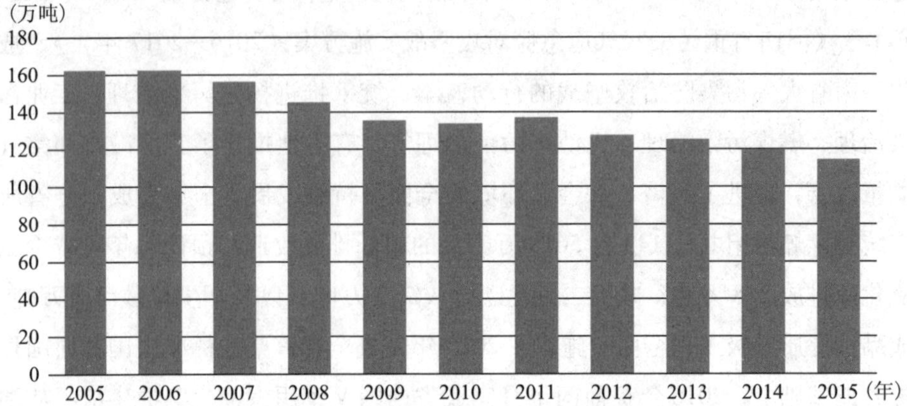

图3-5　2005—2015年河南省二氧化硫排放情况

资料来源：2006—2016年《河南统计年鉴》

五、能源体制改革稳步推进

2016年是河南省能源“十三五”发展的开局之年，也是能源领域开展供给侧结构性改革的关键一年，河南省能源体制机制改革取得重大突破。

首先，能源管理制度不断变革。2016年5月13日，河南省人民政府出台《关于全面深化矿产资源管理改革的若干意见》分别从规划布局、市场配置、资源保障、环境保护、创新监管和简政放权等方面提出了矿产资源管理改革意见。该《意见》首次提出在矿产资源规划中划定矿山开采生态红线，突出强调生态文明建设，将对“三区两线”（重要自然保护区、景观区、居民集中生活区的周边和重要交通干线、河流湖泊直观可视范围）及特定保护区域内露天矿山实施关闭，以持续提高河南省的矿产资源保障能力。《意见》还特别提出，要以实施“互联网+”行动计划为契机，充分利用大数据和空间遥感等现代信息技术、提高地质找矿与公共服务水平，提升矿产资源开发利用水平和管理效能。

其次，电力体制改革持续深化。2016 年，河南省积极推进电力体制改革工作，取得了实质性进展。2016 年 8 月 30 日国家发改委批复了《河南省电力体制综合改革综合试点方案》，同意河南开展电力体制改革综合试点。输配电价改革方面，2016 年 10 月河南省已经启动开展输配电价成本监审。增量配电业务放开方面，2016 年 11 月 27 日，国家发改委、国家能源局《关于规范开展增量配电业务改革试点的通知》，批复了河南省六个增量配电业务试点项目，分别为新乡市现代煤化工循环经济产业园区增量配电业务试点、郑州航空港综合实验区增量配电业务试点、登封新区东区增量配电业务试点、洛阳市洛龙工业园区增量配电业务试点、濮阳县产业集聚区增量配电业务试点、南阳中关村科技产业园增量配电业务试点。河南电力体制改革进入全面深化实施的新阶段。

第三，能源供给侧结构性改革持续推进。自 2016 年以来，为贯彻中央决策部署，扎实推进供给侧结构性改革，落实好去产能、去库存、去杠杆、降成本、补短板重点任务，河南省陆续出台了《河南省推进供给侧结构性改革总体方案（2016—2018 年）》《河南省推进供给侧结构性改革去产能专项行动方案（2016—2018 年）》《河南省推进供给侧结构性改革促进产业转型升级专项行动方案（2016—2018 年）》等一系列重要文件。能源尤其是煤炭行业成为河南省供给侧结构性改革的关键领域，在国家能源局、国家煤监局联合下发《关于实施减量置换严控煤炭新增产能有关事项的通知》之后，河南省人民政府相继引发了《河南省煤炭行业过剩产能实现脱困发展总体方案》《河南省化解过剩产能煤炭关闭实施方案》，积极稳妥化解全省煤炭过剩产能。上述文件明确提出：自 2016 年起的 3 年内，全省禁止批准新建煤矿项目，确保不新增煤炭产能；2016 年关停退出矿井 89 对，化解产能 2215 万吨；2016—2018 年，关闭退出矿井 256 对，化解过剩产能 2215 万吨；到 2018 年，全省煤炭产能压减到每年 1.6 亿吨以内，煤炭过剩产能得到有效化解，产业结构得到优化，脱困转型升级取得实质进展（王元亮，2017）。

随着能源体制改革的推进，改革红利已经惠及企业发展。2016 年，河南组建成立了电力交易中心，并组织电力用户与发电企业开展电力直接交易，全年电力直接交易规模达到320亿千瓦时，累计降低企业用电成本超过28亿元，改革红利切实惠及了企业发展。2017年，河南将继续完善电力市场建设，不断规范电力交易机构运行，并在已有的基础上，进一步扩大电力直接交易的规模，积极构建有序竞争的多元化电力市场，让改革红利惠及更多企业和用户。

六、能源行业发展态势良好

（一）煤炭行业去产能初见成效，企业库存明显下降

2016年，随着能源供给侧结构性改革的开展和煤炭行业去产能专项行动方案的实施，河南省积极有序压减落后、过剩产能，在全社会用电量增速回升、全省电煤消费上涨的带动下，省内煤炭企业库存明显下降。截至2016年9月底，全省煤炭企业库存226万吨，较上年同期下降127万吨，其中，省属骨干煤炭企业库存193万吨，下降105万吨。

（二）油气供应总体保持平稳，保障能力持续提升

在煤炭行业去产能，库存不断下降的同时，河南省石油和天然气供应总体保持平稳，保障能力持续提升。

首先，河南省成品油提质升级，油气消费稳步增长。随着能源发展方式的变革，河南省更加注重油气资源的清洁利用，先后完成了车用气柴油标准由国Ⅲ向国Ⅳ，由国Ⅳ向国Ⅴ的提升。在“气化河南”工程的基础上，2016年，河南省制定了《天然气替代煤专项方案（2016—2020）》，以气代煤，不断扩大天然气利用规模。2015年，河南省全省成品油销售量达1690万吨，管道天然气供应量65亿立方米。2016年，全省成品油销售量1800万吨，同比增长5.8%；天然气供应量75亿立方米，同比增长15.3%。

其次，油气储备及输运管道建设快速推进，油气保障能力持续提升。2016年，河南省相继建成了中原油田—开封、开封—薛店、博爱—薛店等天然气管道项目；开工建设中原油田文23储气库、鲁山—宝丰产业集聚区输气管道、灵宝市大王镇—陕县观音堂输气管道项目；禹州—许昌、博郑线荥阳

门店—郑州北四环高压管线等天然气管道项目建设进展顺利，全年新增天然气长输管道300公里。未来，河南将继续推进油气重点项目建设，包括中石化洛炼1800万吨/年炼油扩能改造项目、日照—濮阳—洛阳原油管道、洛阳—三门峡—运城成品油管道、唐河—平顶山—伊川输气管道、安彩能源榆济线对接工程等重大项目都将于近期开工建设，全省油气供应保障能力将不断提升。

（三）电力供应总体较为宽松，用电结构不断优化

电能是科学技术发展和人民生活水平提升的主要动力，被广泛应用在动力、照明、化学、纺织、通信、广播等各个领域。随着河南省电力体制改革的不断深入，河南省目前电力供应总体较为宽松，用电结构不断优化。

首先，电力装机规模持续增大，发电设备平均利用小时数降幅明显。2016年年底，河南省电力装机7218.4万千瓦，较2015年的6743.6万千瓦增加474.8万千瓦，同比增长7.0%。在近几年电力需求增速放缓的情况下，电力装机规模的增长使得电力供应呈现较为宽松的局面，各类发电设备的平均利用小时数均有不同程度的降低。2015年，全省发电设备平均利用小时数为3902小时，较上年下降446小时；其中，火电平均利用小时数为4022小时，较上年下降474小时。2016年，全省发电设备平均利用小时数进一步下降为3662小时，较2015年下降169小时，较全国水平低312小时。

其次，电力需求增速稳步回升，用电结构不断优化。受经济发展形势和产业结构以及能源结构调整的影响，河南省“十二五”期间电力需求增速较“十五”“十一五”期间明显下降，甚至出现了负增长。2015年全社会用电量为2879.6亿千瓦时，同比下降1.4%。2016年，在省内高成长性制造业、服务业快速增长等因素的带动下，电力需求增速明显回升，全省全社会用电量为2989.2亿千瓦时，同比增长3.8%。在电力需求增速回升的同时，河南省用电结构持续优化，高成长性行业用电快速增长，工业用电占比继续下降，第三产业、居民生活用电成为拉动全社会用电量增长的主要力量。2016年，河南省第二产业用电占比为74.3%，较2015年下降1.4%；第三产业和居民生活对全社会用电量增长的贡献率达到58%。在工业用电中，通用及专用设

备制造业、交通运输电气电子设备制造业、食品制造业、金属制品业等高成长型制造业用电增速分别为7.2%、8.5%、10.6%和14.7%，明显高于其他工业行业。

（四）新兴能源持续快速发展，投资快速增长

随着能源体制机制改革和能源发展方式的转变，新能源和可再生能源的开发利用成为时代发展的必然。当前，新能源开发技术不断进步，开发成本不断降低，河南省新能源开发快速发展降低，新能源投资不断增长，新能源开发企业不断提质增效。

首先，光伏、风力发电等新能源快速发展，装机容量和发电量均创新高。2015年，河南省新能源装机共计182.3万千瓦，较上年增长68.7万千瓦，同比增长60.5%，全年累计发电量39.6亿千瓦时，同比增长25.3%。2016年，全省新能源装机达438.7万千瓦，同比增长140.6%，其中，光伏发电装机284.3万千瓦，同比增长596.8%；风电装机104.1万千瓦，同比增长14.1%；新能源累计发电量为55.6亿千瓦时，同比增长40.2%，其中，光伏发电量为11.5亿千瓦时，同比增加271%，风力发电量为18.4亿千瓦时，同比增加50.8%。光伏、风力对河南新能源装机、发电量增加的贡献率分别为99.5%、91.8%，是河南省新能源发电装机和发电量快速增长的主要原因。

其次，新能源投资保持高位。2016年，河南省新能源领域尤其是光伏发电投资持续快速增长，新能源项目共完成投资125亿元，创历史新高。从国家批复河南指标规模看，全省普通光伏电站2016年度和2017年度的指标规模仅2016年一年已经用完。截至2016年9月底，河南省全省在建光伏电站总规模预计368万千瓦，省内光伏发电已备案容量远超出国家指导规模，局部地区出现建成并网项目无法列入国家指导规模的情况。

再次，新能源发电上网标杆电价呈下降趋势，提质增效成为企业发展关键。为促进新能源行业的健康发展，我国近年来实行新能源标杆上网电价退坡机制，逐步降低风电、光伏的上网电价和政策补贴。2015年12月，国家发改委印发了《关于完善陆上风电光伏发电上网标杆电价政策的通知》，河南省风能属于Ⅳ类资源区，2016年风电标杆上网电价为0.6元/千瓦时，价格降低

0.01元/千瓦时，2018年风电标杆上网电价为0.58元/千瓦时，进一步降低0.02元/千瓦时。河南省光伏发电属于Ⅲ类资源区，2016年光伏标杆上网电价为0.98元/千瓦时，降幅为2%；2016年12月27日，国家发改委发布《关于调整光伏发电陆上风电标杆上网电价的通知》，将2017年光伏标杆上网价格调整为0.85元/千瓦时，降幅达到13.3%。新能源发电标杆上网电价的大幅下降，有利于促进相关企业降低成本，从源头上提升新能源发电的竞争力。当前新能源企业正面临竞争、调整的“阵痛期”，行业深度整合态势明显，从长远看，新能源企业将逐步由规模扩张型向质量增效型转变，提质增效将成为新能源企业发展的关键。

七、互联网基础设施建设成效显著

能源互联网的发展需要强有力的互联网技术支撑。河南省是我国七大互联网信源集聚地、全国数据中心建设布局二类地区，目前4G网络已实现本省区域全部覆盖。2016年，河南省第十次党代会提出了建设网络经济强省的目标，互联网行业深入推进“宽带中原”建设，在全国率先基本实现固定宽带50兆以上接入，互联网用户总数达8145.5万户，居全国第六位，同时建成并开通了郑州国际通信专用通道，国家大数据综合实验区获批建设，网络枢纽地位得到进一步巩固，互联网正加速向经济社会各领域融合渗透，新业务、新业态、新模式不断涌现，为河南省能源互联网的发展奠定了良好基础。

（一）互联网基础设施建设成果显著

第一，互联网基础设施各项指标位于全国前列。2016年，河南省互联网用户突破8000万大关，达到8145万户，比上年增长22.9%，在全国居第六位；4G用户4404万户，居全国第5位，渗透率首次过半，达到55.8%；50M以上宽带用户占比达到97.4%，居全国首位。河南省省会郑州市位于“天地之中”，连接南北、承东启西，是全国重要交通枢纽，经济总量占全省经济总量的三分之一，是全国重要的人流、物流、交通流汇聚地和集散地，同时也是全国十大互联网骨干枢纽之一。近年来，河南省成功引进富士康、酷派、正威等移动智能终端龙头企业。目前，郑州已成为全球最大的苹果手机生产基地。为使互联网技术更好地为经济社会发展服务、为人民群众生产生活服务，2015年，河南省实施了“全光网河南”建设工程、郑州国家级互联网骨干直联点提升工程、4G网络建设优化工程。全省敷设光缆总长120多万千米，建设移动电话基站总数25万个，新建4G网络基站4.7万个；互联网省际出口带宽达6514G，居全国第5位；全省已备案网站数21.2万个，居全国第7位；全省互联网宽带接入端口数2403.2万个，居全国第8位。2016年，河南省加速推进“宽带中原”建设，宽带建设主动融入“一带一路”战略，建成开通了郑州国际通信专用通道，建设516G带宽能力，先期开通100G，郑州外贸企业和跨境电商企业直接通过专网接入国际通信出口局，进一步提升了区域信息化和对外开放合作水平，巩固提升了郑州信息通信枢纽地位①。2016年还实施了郑州直联点提升工程，网间互联带宽扩容至380G。充分发挥直联点辐射带动作用，引导各类网络增值服务企业在河南聚集，全省增值电信企业新增363家，总数达到1084家。全省光缆线路长度、4G基站、互联网宽带接入端口、互联网省际出口带宽分别居全国第6位、第6位、第5位、第5位，较上年分别增长42%、55.6%、41.2%、70.5%。焦作、商丘、南阳三市获批2016年度“宽带中国”示范城市，宽带接入网业务试点范围扩大至全省；如期完成两批14个市县1400个未通宽带行政村和460个升级村电信普遍服务试点任务，全省行政村光纤通达率达到100%。

第二，宽带速率大幅提升，河南省网购高于全国平均水平。2015年下半年，河南省固定宽带平均接入速率达到13.68兆比特每秒，较2014年下半年提高1.8倍；河南省宽带用户平均可用下载速率为11.81兆比特每秒，较2014年下半年提高2倍；宽带用户平均视频下载速率为9.47兆比特每秒，较2014年下半年提高1.7倍。2015年，河南省商务交易类应用和网络金融类应用发展迅猛，整体渗透率均高于全国平均水平。网络购物、团购和旅行预订的网民渗透率分别高于全国平均水平6.9、0.6和0.1个百分点；手机网络购物和手机团购网民渗透率分别为64.6%和45.1%，分别高于全国平均水平9.8

① 河南省通信管理局. 2015河南省互联网发展报告. 河南省通信管理局网站，2016.05.17.

和19.6个百分点。网络理财、网上银行和网上支付的渗透率分别高于全国平均水平2.9、2.4和0.5个百分点；手机网上支付渗透率高于全国平均水平2.5个百分点，较2014年增长21.9个百分点。

第三，基础电信运营商加大建设投入，网络建设进一步完善。2009年，河南省政府与中国移动、中国联通和中国电信签署《战略合作框架协议》，扎实推进信息化提速工程，5年内投入1050亿元支持河南省信息化基础建设，投入规模居全国前列。2015年11月6日，河南省政府分别与中国移动、中国联通、中国电信、中国铁塔四大央企签署战略合作框架协议。根据协议，四大央企将河南作为网络建设和业务发展的重点区域，进一步加大投入力度。2015—2017年，中国移动、中国联通、中国电信、中国铁塔分别在河南投入400亿元、340亿元、190亿元、220亿元，共计1150亿元，年均投入383亿元，较2009年首次签署战略合作协议时年均投入210亿元增长了82%。协议提出，坚持云网协同，打造全国重要的信息网络枢纽。在基础网络方面，充分发挥郑州国家级互联网骨干直联点的辐射带动作用，不断优化互联网骨干网络架构、提升河南通信枢纽地位，构建以郑州为核心的米字型通信网络枢纽。在2017年年底前开通河南到全国24个省（直辖市）的省际直达链路，其中超1000G带宽出口方向达到7个，分别是北京、上海、广州、湖北、山东、山西、浙江，省际出口带宽达到23800G，比2014年年底增加19405G，实现省际出口带宽3年翻两番的目标。在云计算、大数据方面，加大在郑州建设数据中心的力度，进一步提升郑州作为信息交换、数据存储、数据灾备、云计算等信息多元化处理的数据枢纽地位，共同打造国家级数据中心。机架总规模达到6.5万架，支持约130万台服务器的装机能力。中国联通将加快中原数据基地二期工程建设并适时启动三期工程，于2018年年底前全面完工，机架规模达到3.15万架；中国移动将加快“中国移动（河南）数据中心”建设，于2018年年底前完工，机架规模达到3万架；中国电信将新建郑州数据中心，机架规模0.35万架（范毅，2015）。

（二）互联网行业发展势头良好

第一，河南省在互联网技术应用方面发展势头突出，商务、商贸类和互联网金融类应用率均高于全国平均水平。2015 年，河南省微信用户规模达到 6526 万人，淘宝用户规模达到 4468 万人，网上支付用户规模达到 4487 万人，团购用户规模达到 1971 万人，网络视频用户规模达到 2578 万人，互联网与河南经济社会各领域的全面融合蕴藏无限空间。作为全国第一人口大省和新兴的经济大省，河南省发展互联网经济具有突出的区域、交通、人才、物流和市场优势，在网络信息支撑和产业支撑方面基础坚实，发展创造力和消费潜力巨大，河南省打造网络经济大省潜力巨大、前景广阔。

第二，河南省电商发展位居全国前列，郑州市正式成为国家跨境电子商务综合试验区试点。河南省电商发展总体水平已进入全国第一方阵，位居中西部前列。位居郑州高新技术开发区的世界工厂网已成为全国最大的装备制造业 B2B 外贸平台。已建成使用的有郑州汽车口岸、肉类口岸、澳洲活牛进口指定口岸、进境果蔬及花卉指定口岸，正在建设的有食品、药品口岸。省会郑州是国内第三个设立“多式联运监管中心”的城市，获批有 13 个国家邮包直封权。开通运行的电子口岸覆盖全省、联通国内 12 个关区，高效便捷的陆海空立体化多式联运国际物流网络已初步形成，各项工作遥遥领先于全国其他试点城市（姚建斌等，2016）。2016 年 1 月，“中国（郑州）跨境电子商务综合试验区”正式进入国家综合试点。河南省认定了 21 个跨境电商示范园区、5 个人才培养和企业培训孵化基地。据河南省商务厅发布的数据显示，2016 年，全省电子商务交易额 2016 年突破万亿元，达到 10033 亿元，增长 30%①。其中，跨境电商交易额 111.5 亿美元，较上年翻一番多。河南省完善了电子商务发展顶层设计和促进体系。持续推进电商示范创建，新认定省级电子商务示范基地 32 个、示范企业 107 家，中华粮网、世界工厂网、企汇网、中钢网等一批平台企业居国内细分行业前列。

---

① 河南 2016 年电子商务交易额突破万亿元．新华网，2017. 01. 22.

八、能源技术与互联网技术逐步融合

2016 年，河南省能源技术和装备水平不断提高，全省骨干煤炭企业煤矿采、掘机械化程度达到 85%、88%，分别比 2010 年提高 14 个百分点和 9 个百分点，自动化综采技术逐步推广应用。超临界火电机组广泛应用，超低排放技术推广应用步伐加快。郑州市、鹤壁市配电自动化系统投入运行，18 个市基本建成智能电网调度支持系统。三门峡上渠风电场全部使用国内陆地单机容量最大的 3 兆瓦机组；安阳内黄 125 兆瓦农光互补光伏电站建成投产。特高压、智能电网、电动汽车充换电、新能源接入、纤维乙醇成套工艺等领域取得多项技术突破，大采高综采液压支架、轻便钻机等装备达到国际先进水平。

在国家能源局《“互联网+”智慧能源试点实施方案》下发之后，河南省及时研究制定了《河南省“互联网+”智慧能源行动 2016 实施方案》。按照国家能源局通知要求，对河南省“互联网+”智慧能源示范项目和多能互补集成优化示范工程进行认真梳理、初审和统一申报，向国家能源局申报“互联网+”智慧能源示范项目共 17 项，多能互补集成优化示范工程 11 项。国网河南电力公司作为关系全省国民经济命脉、能源安全和人民生产生活国有骨干企业，全面落实创新驱动发展战略，大力推动构建“全球能源互联网”，实施“清洁替代、电能替代”战略，倡导绿色、节能、低碳的生活方式。坚强智能电网建设稳步推进，“十二五”时期实现总投入突破 1100 亿元，较“十一五”时期实现翻番，500 千伏“两纵四横”梯形主网架进一步完善，全部县域实现 110 千伏双电源供电，累计治理“低电压”用户 408 万户，实现电网整体供电能力由 2010 年的 4000 万千瓦提高到 6000 万千瓦。第一个分布式光伏发电及微网运行控制试点工程——河南财专分布式光伏发电及微网运行控制工程建成投运，累计发电量达 97.52 万千瓦时。与国家电网公司签订《“十三五”电网发展合作框架协议》，大力发展以特高压电网为骨干网架、各级电网协议发展的坚强网架为基础，以通信信息平台为支撑的坚强智能电网，“十三五”投入 1800 亿元（彭俊杰，2017）。

第三节　河南省能源互联网发展面临的问题和挑战

随着河南省能源发展和互联网技术的深度融合，河南省能源互联网发展已经具备了一定的基础和条件。但受到资源禀赋和经济发展水平等因素的影响，河南省能源互联网的发展仍面临着诸多问题和挑战。

一、能源自给率不足，能源保障压力大

2003 年以来，河南省对能源的需求量逐年增加，而能源生产总量则增速放缓，能源自给率总体上呈现出下降趋势。如表 3-3 所示，2003—2006 年河南省能源生产总量都高于能源消费总量，能源基本能够实现自给，其中，2003 年的能源自给率为 115. 76%；2007 年，能源消费总量已经超过了能源生产总量，能源供给率为 93. 35%；2012 年，能源自给率大幅度下降，仅达到了 73. 04%；2015 年，能源自给率进一步下降到了 63. 38%。而且随着河南省社会经济的发展和工业化的推进，对能源的需求还将不断增加，能源自给率还有进一步下降的趋势。

表 3-3　2003—2015 年河南省能源供求变化与自给率

年份	能源生产总量（万吨标准煤）	能源消费总量（万吨标准煤）	能源自给率（%）
2003	10634	9186	115. 76
2004	13079	11322	115. 52
2005	14522	12753	113. 87
2006	15002	14189	105. 73
2007	14604	15644	93. 35
2008	15487	16547	93. 59
2009	17002	17183	98. 94
2010	17438	15396	113. 26
2011	15786	16697	94. 54

续表

年份	能源生产总量（万吨标准煤）	能源消费总量（万吨标准煤）	能源自给率（%）
2012	12224	16736	73.04
2013	13133	16914	77.64
2014	11796	17786	66.32
2015	11231	17718	63.38

资料来源：《河南统计年鉴 2016》

就在全国的情况来看，河南省能源储备不足。如表 3-4 所示，2015 年，河南省煤炭基础储量为 86 亿吨，仅占全国煤炭储量的 3.5%，可供建井的后备储量不足，煤炭产能增加受限，后续可开发资源不足。2015 年，河南省石油储量 4631.1 万吨，仅占全国石油储量的 1.3%，远低于全国平均水平，与石油资源储量较高的新疆（60112.7 万吨）、黑龙江（44048.7 万吨）、陕西（38445.3 万吨）等省份相比更是存在着较大差距。2015 年，河南省天然气基础储量为 72.2 亿立方米，仅占全国天然气储量的 0.14%。而且，经过 30 多年的快速开发，河南省油气资源已进入枯竭期，后续可开发利用的油气资源有限。目前，河南省非化石能源利用量虽然快速增长，但在较长时间内仍然只能作为补充能源，在能源利用总量中的比例难以大幅度提高，河南省能源保障面临较大压力。

表 3-4 全国部分省区主要能源基础储量

地区	石油（万吨）	天然气（亿立方米）	煤炭（亿吨）
全国	349610.7	51939.5	2440.1
河南	4631.1	72.2	86
新疆	60112.7	10202	158.7
陕西	38445.3	7587.1	126.6
山东	31123.5	342.4	77.6
黑龙江	44048.7	1317.9	61.6

资料来源：《中国统计年鉴 2016》

二、能源结构不合理，能源结构调整任务艰巨

近年来，河南省积极转变能源发展方式，煤炭占比不断下降，能源结构不断优化，但煤炭仍然是河南省最主要的能源，煤炭占比依然偏高；天然气、水电、光伏、生物质能和太阳能等清洁能源虽然取得了较快发展，但占比仍然较低。从能源生产结构来看，2015 年，河南省煤炭生产量占到了全省能源生产总量的 89.3%，比全国平均水平高出了 17.2 个百分点；天然气生产量占全省能源生产总量的 0.5%，比全国平均水平低了 4.4 个百分点；非化石能源生产量仅占全省能源生产总量的 5%，比全国平均水平低了 7 个百分点（表 3-5）。从能源消费结构来看，2015 年，河南省煤炭消费量占到了全省能源消费总量的 76.5%，比全国平均水平高出了 12.5 个百分点；天然气消费量占全省能源消费总量的 4.5%，比全国平均水平低了 1.4 个百分点；非化石能源消费量仅占全省能源消费总量的 5.9%，比全国平均水平低了 6.1 个百分点（表 3-6）。

表 3-5　2015 年全国及河南省能源生产构成

地区	煤炭（%）	石油（%）	天然气（%）	其他能源（%）
全国	72.1	8.5	4.9	12
河南省	89.3	5.2	0.5	5.0

资料来源：《中国统计年鉴 2016》《河南统计年鉴 2016》

表 3-6　2015 年全国及河南省能源消费构成

地区	煤炭（%）	石油（%）	天然气（%）	其他能源（%）
全国	64	18.1	5.9	12
河南省	76.5	13.1	4.5	5.9

资料来源：《中国统计年鉴 2016》《河南统计年鉴 2016》

近年来，中国政府高度重视环境和气候变化问题。2009 年向国际社会宣布，到 2020 年，单位国内生产总值二氧化碳排放比 2005 年下降 40%~45%，非化石能源占一次能源消费比重达到 15%左右。2015 年 6 月 30 日，中国向联

合国气候变化框架公约秘书处提交了《强化应对气候变化行动——中国国家自主贡献》，明确了中国到2030年的自主行动目标，即二氧化碳排放到2030年左右达到峰值并争取尽早达峰；单位国内生产总值二氧化碳排放比2005年下降60%~65%，非化石能源占一次能源消费比重达到20%左右。目前，河南省非化石能源占比同国家的要求仍存在较大差距，能源结构调整任务仍然十分艰巨。

三、资金投入受限，融资渠道不畅

能源互联网属于战略性新兴产业，而新兴产业的发展往往具有很大的不确定性，这就需要政府财政资金的支持和政策扶持。目前，国家和河南省政府已经出台了一些能源互联网发展的相关政策，鼓励能源互联网的发展，但在资金投入方面仍存在着较多问题。

一是财政资金投入的力度受限。能源互联网属于新兴产业，目前并没有财政投入的相关数据，但从类似战略性新兴产业的发展情况来看，财政直接支出对发展能源互联网具有基础性的推动作用。近年来，国家和河南省对包括能源互联网在内的战略性新兴产业的财政支出有了明显提升，但与发达国家相比，目前的投入水平尚不能满足这些战略性新兴产业的发展需要。2013年，中国用于高技术产业的内部研发经费为1734亿元，新产品开发经费为2069亿元，机构经费支出1359亿元，三项合计占当年GDP的比重仅为0.89%，远低于世界其他国家的水平。

二是产业融资渠道不畅。目前中国发展能源互联网等战略性新兴产业的投融资规模总体较小，资金来源狭窄，除银行机构的信贷融资以外，其他途径的资金很少，导致融资难问题普遍存在，这直接导致了企业的研发热情和研发投入不高，影响战略性新兴产业的长远发展。战略性新兴产业融资规模较小，融资渠道较窄，对其进一步发展形成严重的资金制约（曹江宁，2015）。

就河南省目前的情况而言，河南省是农业大省和人口大省，但经济发展水平不高，政府预算收入有限，能用于能源互联网发展的资金就更为有限。2015 年，河南省地区人均生产总值 39123 元，在全国仅排第 22 位，远低于北京市（106497 元）、天津市（107960 元）和上海市（103796 元）等地区的经济发展水平；2015 年，河南省公共财政预算收入为 3009.6 亿元，在全国排第 8 位，与广东省（9364.8 亿元）、江苏省（8028.6 亿元）等发达省份也存在着一定的差距。

四、能源型企业发展困难，创新能力不足

企业是市场经济的主体，能源型企业的发展在很大程度上决定着河南省能源行业的发展，决定着河南省能源互联网的发展进程。目前，在“互联网+”背景下，河南省能源企业发展仍面临着较大阻力。

首先，从外部情况看，随着环境的不断恶化和人们对生存环境要求的提高，能源型企业由于独特的产业特点需要承担更多的社会责任，同时能源型企业的税赋较重，这两方面原因直接导致能源型企业资金短缺。应用互联网技术，将互联网与能源发展深度融合，需要前期投入大量的基础设施，投入这些基础设施进一步导致了能源型企业资金的短缺。由于地理条件的影响，能源型企业大多位于人烟较少的地方，分布较为分散，经济不发达，管理理念、创新理念都比较落后，无法实现企业间较多的思想、知识等的碰撞，进一步增加了能源型企业的间接成本，从而减低了企业创造利润的能力。随着资金的短缺量逐年加强，成本的逐年增多，企业发展阻力越来越大。

其次，从企业内部情况看，能源型企业组织柔性较差、应对快速变化的能力较弱、技术创新能力较弱等内部原因导致能源型企业发展受阻。能源型企业的管理人员和普通人员的能力直接影响其成长，技术创新方面的投入不足，对员工的培训和知识交流缺乏，管理的力度不够，导致普通人员的专业技能相对较低，研发人员研发能力缺乏。新能源技术的发展需要大量科研人员，面对研发人员研发能力缺乏，致使绝大部分能源型企业的研发部门无法为其提供创新型的技术，这成了能源型企业结构调整转型的瓶颈，能源企业发展面临人员阻力。能源型产业属于资本密集型，需要大量的资本投入，对

资本的需求大、回收资本周期长、竞争强度大、利润率低、经营亏损率高。由于以上特点，能源型企业借助银行融资困难，上市的能源型企业通过股票市场筹资困难，在成长过程中有较大的资金缺口，不得不维持现状，无法更新生产设备，提高生产效率，阻碍了企业的成长，使得能源型企业发展面临财务阻力。由于能源型企业前期利润空间大，形成的企业文化惰性较强。由于之前较容易的创造利润，随着能源型企业年龄的增长，文化惰性的影响更加广泛和深刻。面对国际经济环境和国内经济环境的缓慢发展，自然环境的恶化，传统化石能源的大量减少，能源型企业的成长面临巨大的挑战，之前的企业文化成了能源型企业成长的巨大阻力，能源型企业不得不进行企业文化的重塑（李淑丽，2016）。

能源型企业一般具有资源密集型和资金密集型的特点，大多属于国有企业，而国有企业相对于民营企业而言，往往缺乏创新的内在动力，更乐于追求低成本劳动力和垄断优势，企业自主创新主体动力不足。据《2014 中国能源企业创新发展报告》① 的资料显示，报告样本能源企业的平均研发密度为 0. 76%，低于中国企业联合会发布的 2014 中国 500 强企业 1. 25%的水平，更低于同一排行榜中 2014 中国制造业 500 强企业 1. 78%的水平；报告样本能源企业的平均全员劳动生产率为 169 万元/人，低于中国企业联合会发布的 2014 年中国 500 强企业 181 万元/人的水平，也低于全国工商联发布的 2014 中国民营企业 500 强 179 万元/人的水平。根据国际经济合作与发展组织的标准，研发强度在 1%~4%才属于中等创新能力，中国能源企业目前平均创新能力还达不到中等水平。

目前，河南省能源发展的自主创新基础薄弱，科技基础条件和基础设施难以支撑主流能源技术创新。例如，部分关键核心技术装备仍然受制于人，重大能源工程依赖进口设备现象较为普遍，大功率风机、高效太阳能发电、储能、燃气轮机、电网智能化等自主研发的关键技术产业化应用尚未突破，清洁能源技术产业化推广应用面临诸多挑战，高性能、高技术含量能源装备

① 中国能源研究会 . 2014 中国能源企业创新发展报告［J］. 能源评论，2015. 01. 29.

产品的设计和制造能力同国外相比差距较大。河南省能源行业目前创新模式有待升级，引进消化吸收的技术成果较多，与省情相适应的原创性成果不足，与能源相关的国家重点实验室、国家工程技术中心、国家重点实验室少，技术“空心化”和技术对外依存度偏高的现象并没消除。能源企业普遍创新能力不足，除了中国平煤神马能源化工集团有限责任公司平均研发密度达到了3.1%，郑州煤炭工业集团有限责任公司平均研发密度达到了3.04%之外，大多数能源企业平均研发密度和全员劳动生产率都偏低，能源企业总体创新能力较弱。

五、能源体制机制构建有待完善

目前，河南省能源领域垄断体制尚未取得实质性突破，虽然电力体制改革方案已经出台，但油气体制改革尚未破题，能源价格市场化形成机制尚未建立。能源科技管理职能交叉、多头管理、效率不高的问题依然存在，行业管理有待加强。促进科技创新的财税政策不健全，技术与产业政策法规之间协调性差。能源体制机制深层次矛盾依然突出，部分领域节能管理亟待加强，能源统计体系、核算标准和监测方法需进一步完善。能源发展不协调、不平衡、不可持续的问题依然突出，促进新能源和可再生能源快速发展的政策体系还不健全，能源普遍服务和城乡能源公共服务均等化水平亟待提高。

六、能源互联网基础设施建设尚待加强

“互联网+”的发展在于互联互通，网络的本质在于互联，信息的价值在于互通，加强网络基础设施建设，是解决网络“最后一公里”的关键所在，现在国家正在提倡“宽带中国”建设，并在2020年将实现全中国全覆盖的网络体系，铺就信息畅通之路，实现信息资源的充分涌流。而针对河南省目前的情况来讲，虽然互联网基础设施建设成效显著，但互联网人均基础资源仍然比较落后，全省互联网人均基础资源在全国排名第29位，互联网宽带介入普及率在全国排第17位，知名互联网企业缺乏，上网环境有待改善，广大农

村地区信息化基础设施缺乏，网络覆盖率相对较低，农村还有很多地区没有通宽带，农村拥有计算机的家庭不足30%，网络覆盖率仅27.5%，信息发展的“最后一公里”将严重制约能源互联网的发展。能源与互联网的融合对网络有很大的依赖性，“互联网+能源”的实质就是去中间化，实现各利益主体的直接对接，减少中间环节，以提高效率，实现资源的优化配置，实现能源的集约化、智能化发展。

能源与互联网的融合，所需的基础设施投入巨大，仅仅依靠个人的力量是不可能全面实现的，网络基础设施的建设、物联网技术的运用，这些需要政府财政的大力支持，靠地方政府的转移支付维持基本的开支，会造成先进科技转化率低，大量能源信息无法真正得到传递，还需省财政向国家申请专项资金，加快互联网技术与能源产业的融合进程。尤其是在一些高投入、低回报的环节，需要政府充分发挥资金支持和引导作用，为能源互联网发展提供必要的基础设施支持（李会芳，2016）。

七、能源互联网控制技术有待成熟

能源互联网在我国处于起步阶段，技术发展不成熟，与其他能源网络相比，能源互联网的关键特征对当前的控制科学和控制技术都带来新的挑战，使得河南省能源互联网的发展也面临着诸多技术难题。

首先，能源互联网中将接入大量的各类可再生能源，能源供给侧的不稳定将带来极大的不确定性、强非线性、时空不同步性等复杂特性，而由于这些可再生能源的广域分布特性，其信息通信网络难以实现全连通，网络具有复杂的时延、丢包等非可靠特性，这对于当前的控制优化理论都是一个极大的挑战。

其次，能源互联网强调能源主体的分布式对等接入，实现其即插即用，各个能源主体具有极大的自治性，而整个能源网络又在各类强约束下要有一个统一的调控目标，这就要求系统能够实现分布式的优化控制，这与传统能源网络的集中调控策略具有很大的区别，也对控制方法提出了更高的要求，目前的技术还没有能够很好地解决之一问题。

再次，能源互联网包括能源供给侧、存储侧、传输侧、消费侧，以及相关互联系统等多个来源的海量信息，而且信息与能源紧密耦合，如何利用并萃取这些信息，进而获得对于能源互联网更清晰的认识，并应用信息物理系统的相关技术进行综合的调控，实现能源的安全高效利用，是能源互联网面对的新课题。

最后，能源互联网是一个能源、设备、信息、经济深度融合的系统，是物理空间、能源空间、信息空间乃至社会空间耦合的多域、多层次耦合的混杂大系统，其具有更广阔的开放性和更大的系统复杂性，呈现出复杂的、不同尺度的动态特性和演化趋势，其周期规划问题将是一个必须面对的重要基础问题（孙秋野等，2017）。

第四章　河南省能源互联网总体架构

河南省能源互联网的未来是以电力系统为核心的新一代能源系统的具体实现形式。随着科技发展和技术的进步，国家及世界能源系统正逐渐形成，并不断完善。新一代能源系统以电能为基础，基于电能的清洁、安全、传输方便和高效性，能源系统进行能源生产时实现从其他能源形式到电能的转换，进行消费时实现从电能到其他能源形式的反转。其他能源几乎可以涵盖自然界存在的所有能源形式，它们的应用并不只限于转换成电能，但通过电能转换，这些能源可以被人类社会所充分使用。

通过能源被使用过程，其他能源与电能之间的转换关系，建立了电力系统对其他形式能量交换的支撑。由于处于技术革新和理念更新阶段，电力系统本身也在不断发展过程中，从普通电网发展到智能电网，再到能源互联网，性能不断提高，接入能源种类的数量和规模不断扩大，这种进步为新一代能源系统的产生和发展建立了必要条件。可以说，能源互联网是能源系统目前最高级的发展形式。

第一节　能源互联网的建设原则和目标

一、建设原则

（一）信息物理融合

能源系统中，信息在各种物理设备之间有效的双向传递是实现协调和交互的基础。基于信息物理融合系统（Cyber Physical Systems，CPS）的能源系统架构为解决这些问题提供了一种新的旅途。

CPS 是集成计算机和通信技术的实时监测、协同配合、受控整合的物理工程系统，是物理过程和计算过程深度结合的产物。它利用网络为纽带，将计算、通信及控制深深嵌入到实物中去，实现信息系统和物理系统的全方位深度融合，是人类将数字世界和物理世界的有机融合，并产生巨大工业社会发展推动力的有效方法。2007 年 7 月，美国总统科学技术顾问委员会在题为《挑战下的领先——竞争世界中的信息技术研发》的报告中列出了八大关键的信息技术，其中 CPS 位列首位。

CPS 具有自适应性、自主性、高效性、功能性、可靠性、安全性等特点，可使系统更加可靠、高效、实时的协同。CPS 利用现有互联网将物理设备连接组网，赋予物理设备计算、网络通信、精确控制、远程协同和自治等几大功能。因此，CPS 系统既具有网络属性，又具有控制属性，两者融合后使得 CPS 成为解决基于网络的一般或特殊控制问题的有效途径。

对于能源系统而言，为了实现对物理设备的实时、动态的信息控制和信息服务，CPS 是在不破坏原有的物理设施和计算逻辑的基础上，将信息化、网络化融入到基础设施当中，将无所不在的环境感知、嵌入式计算、网络通信和网络控制等技术融合在一起，使得物理设备系统具有计算、网络通信、精确控制、远程协同和自治等特征。系统中的物理构架和软件构建必须能够在不关机或停机的状态下动态加入系统，同时保证满足系统需求和服务质量。基于这样的基本特征，从信息能源融合体系建立这一需求的研究角度来看，CPS 作为能源互联网的构架是合适的，可以有效解决地能量流与信息流深度耦合的难题。

能源系统 CPS 主要由大量的计算设备（服务器、计算机、嵌入式计算设备等）、数据采集设备（传感器、PMU、嵌入式数据采集设备等）和物理设备（大型发电机组、分布式电源、储能、负荷等）组成。其中，各种信息设备（计算、传感、控制）通过通信网络相互连接，而各种物理设备（分布式电源、负荷）则通过输电、配电网络相互连接，可由控制中心直接控制。

社会的进步和发展与能源系统的进步和发展紧密相关，而能源系统的发展将基于信息物理融合系统。因此，需要将社会（人和用户）相关因素与信息、物理系统相关因素同时考虑，通过他们之间的融合，实现真实社会与信息世界和物理世界的互动，同时让整个世界互联起来，产生巨大的经济效益，推动科技和人类文明的进步。

（二）分布与集中结合

新一代能源系统利用先进的互联网技术和可再生能源技术，通过类似互联网“即插即用”技术，包容多种不同类型的能源生产，实现分布式可再生能源最大适应性的接入。能源系统通过能源互联网构建信息能源广域网，其中包括大电网的主干网和微网或分布式能源组成的局域网，能量和信息双向按需传输以及动态平衡使用，能源可以在全网络分配、交换和共享。原有集中、单向、生产者控制的能源系统转变成大量分布式辅助、主要部分集中式以及更多消费者互动的能源网络。

从能源系统架构上来看，传统集中的能源系统是与分布式能源系统相结合的，统一进行集中控制。以互联网技术实现广域内的能源、储能设备与负荷之间的协调。能源互联网采取自下而上分散自治、协同管理的模式，在广域互联中可以通过储能缓冲、直流输电等方式实现解耦，同时局域不稳定问题可以通过广泛互联实现广域的动态互备用，达到安全、稳定、可靠的目标，局域自治，与目前集中式大电网模式相辅相成。

针对目前河南省以电网为主的能源互联网，其集中与分布相结合体现在横向层面上，将由大、中型区域电网通过骨干电网联系起来，大、中型区域电网内则分层分区接入集中式和分布式电源、各类终端用户。在信息流上，通过纵向贯穿、横向贯通的网络共享平台，实现电网实时信息的交互、共享。

（三）供给与消费平衡

能源互联网的主要能量供应来源是风、光等可再生新能源，其大规模接入势必促使传统的能源系统转型为能源互联网。由于可再生新能源的分散性和间歇性，需要建立就地收集、存储和使用能源的微型网络，这些能源微网单个规模小、分布范围广，构成能源互联网的一个节点或局部。大范围分布式的能源微网并不能全部保证自给自足，需要联合起来（或与主干网）进行能量交换才能平衡能量的供给与需求。

能源互联网关注将分布式发电装置、储能装置和负载组成的微型能源网络互连起来。能源互联网是一个对等、扁平和能量双向流动的能源共享网络。能源互联网的基础设施建设并不摒弃已有的传统能源系统，特别是已有的主、骨干网络，通过不断对现有能源基础设施进行改造，驱使系统调度控制与满足用户需求向更高层次的自适应阶段发展。

基于信息能源体系的能源互联网是以互联网理念构建的新型信息能源融合“广域网”。从广义上来说，能源互联网是以互联网及物联网方式，通过各种能源的开采转换为电能，并进行输配、存储、交易、使用，在整个过程中实现对能量及信息相关因素的采集调控、互联互通和耦合互补，从而实现对能源更加安全、清洁、经济、高效和可持续的利用。

能源互联网基于信息技术，在能源供给上以电能为核心和基础，进行跨能源种类的能源优化互补供给。通过技术及市场手段提高能源消费方的能源使用效率，整体上提高全社会的能源使用效率。能源互联网能源供给及消费的连接情况如图 4-1 所示。

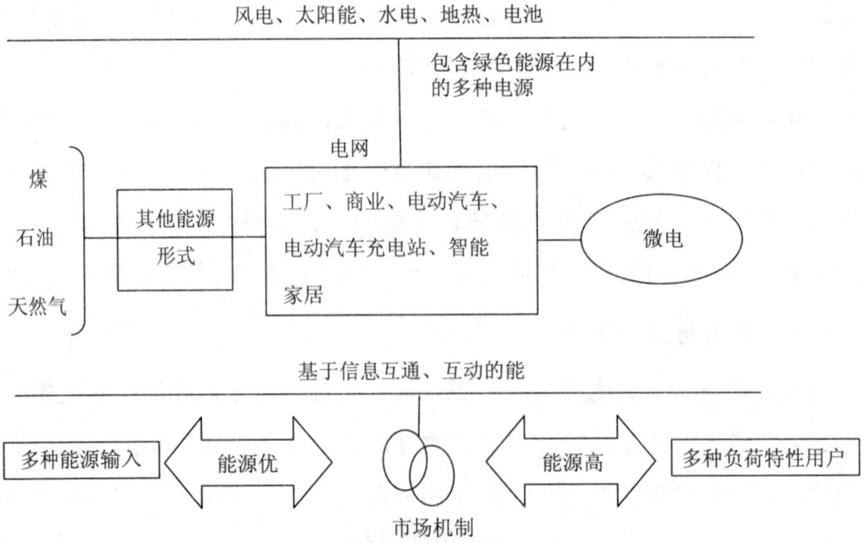

图 4-1　能源互联网能源供给及消费的连接情况示意

从能源互联网的特点出发，结合电能生产所需能源来源的分布性和多样化，能源互联网易操作的、可建设的架构应该是融合接入多类可再生能源的能源微网和能源主干网的智能互联网络。

二、建设目标

（一）内涵

能源互联网的关键性拓展在与采用互联网理念、方法和技术实现能源基础设施架构本身的重大变革，使得能源能够开放互联与交换共享。

1. 开放

互联网实现信息的随时随地接入与获取，主要取决于开放式的体系结构。能源互联网要实现开放性，需要可再生能源与储能用能装置的“即插即用”。能源互联网的发展要借鉴互联网的发展方式，走标准先行、应用驱动、进一步带动产业和市场发展的道路。

2. 互联

“局域网”与“广域网”的本质不同，“广域网”必须解决规模化开放互联的问题，这就需要简洁易行的标准协议作为基础。而“局域网”内部可以进行多种能源形式的转换，进行风、光、储、用的平滑与协调，但“广域网”的互联必须建立在局域消纳的基础上，形式简捷的能量交换方式，才可能实现大规模互联。

3. 对等

同传统电网自顶向下的树状结构相比，能源互联网的形成是能量自治单元之间的对等互联。任意单元之间的连接是符合网络逻辑的，其真正的实现必须建立在分散路由的基础上。能量传输应该是多次路由的结果，其间是解耦的，进而可以避免一系列安全稳定性问题。同时，传输路由路径之间可以是动态、互为备用的，在保证冗余和可靠性的同时不降低系统的利用率。

4. 分享

分布、分散与分享也是能源互联网的主要特征，原来仅依赖于中心调度与管理的功能可以采用分散—协调的方式来更高效地实现，而“局域网”（如微网）的监控甚至可以采用没有“中心”的对等模式。借鉴互联网应用中社交网络的信息分享机制，能源互联网中各局域网之间的能量交换与路由也都是就近实时动态进行的，以分散式局部最优和高效的全局协调来实现电网整体能量管理的优化。

（二）外延

能源互联网的外延在于信息物理融合，真正实现信息能源基础设施的一体化。未来信息基础设施以数据中心为核心，通过高速通信网络相连接，同时支持物联网和移动互联网的接入，其发展过程中遇到了明显的能源瓶颈。同时，智能电网与能源互联网的发展对信息化、智能化的要求也越来越高，迫切需要新一代信息技术的支撑。信息与能源基础设施之间的互补性也为其融合一体化提供了经济可行性。

所以，能源互联网本质上还是能量的开放、互联、对等和分享，同时能源互联网的实现离不开信息通信的支撑，信息能源在基础设施层面上的融合是能源互联网发展的外延，这同时解决了数据中心等信息基础设施发展的能源瓶颈问题。

第二节　能源互联网的总体架构

能源互联网的总体架构主要由能源局域网、能源广域网和能源主干网组成。微网、分布式能源等能量自治单元可以作为能源互联网中的基本组成元素。通过新能源发电，微能源的采集、汇聚与分享，以及微网内的储能或用电消费形成的“局域网”。能源互联网是在此基础上的广域连接形式，作为分布式能源的接入形式，它是从分布式能源的大型、中型发展到了任意的小型、微型的“广域网”。大电网的形成有其必然性，其将来仍然是能源互联网中的“主干网”。微网或分布式能源接入、互联和调度灵活但仍存在供电可靠性问题。大电网供电可靠性较高，但尚难以适应大量新能源的灵活接入和双向互动。而能源互联网则可以起到衔接作用，综合两方面的优势。

一、能源局域网

对应目前电网架构中的用户侧，如在微网、分布式能源或智能小区的内部，实现多种能源形式的转化和分享。例如，杰里米·里夫金提到了未来理想的能源互联网场景，即“在即将到来的时代，我们将需要创建一个能源互联网，让亿万人能够在自己的家、办公室和工厂里生产绿色可再生能源。多余的能源则可以与他人分享，就像我们现在在网络上分享信息一样”。这是典型的在需求侧实现能量的分享。

能源微网是分布式能源转换为电能、用户就地利用、微网内储能及调配的基本单元。对于能源互联网，其最大的优势就是大规模地接入绿色、环保、可持续利用的分布式能源，可以成为解决能源危机，实现能源革命的主要途径。但分布式能源本身具有能源生产间歇性和输出不稳定的特点，如果不进行处理，其大规模接入会对主干电网的稳定带来影响。作为解决分布式能源大规模接入的一个主要途径，同时，为了实现电力在区域范围内的独立、灵活调度，微网的概念及其基本技术被提出来。

能源微网是一个个自成系统的完整的底层单元，是自治运行的能量系统。它可以满足不同用户对能量质量和可靠性的要求，主要由智能能量管理设备、分布式可再生能源、储能装置、变流装置和负载等组成。出于发电效率方面的考虑，在进行分布式发电的同时，可以利用多余的能量产生人类生活所需的热和冷能源，即冷热电三联供。

能源微网必须配备足够的储能系统，通过对多种类电源来源储能和多形式负荷的优化组合，实现设备和系统高效、经济、安全地进行，是能源微网区别于一般分布式的核心。分布式能源的就地利用和消纳，并减少对主网运行的冲击和影响作为能源微网设计的灵魂和原则，无论是在针对区域内能量就地利用的能源微网系统，还是对直接接入大电网的多能互补电站系统，都是一样的。合理地设计匹配不同用户能源需求的多能互补电站系统是实现系统与用户间能量匹配的首要环节和基础，其包括能源组合、结构设计、容量配比、储能比例等部分。在能源组合上，充分考虑不同能源的时空分布特性，构成合理优化组合形式。在结构设计和容量配比上，充分考虑负荷类型、用户经济、环境需求以及用户时空分布特性，尽量在结构上提高能源使用效率和减少成本。在储能比例上，基于供能特征、负荷匹配、峰谷差异、并网方式、造价收益等，合理配置容量，优化选择方式，提供调节灵活性，实现收益最大化。

二、能源广域网

对应目前电网架构中的配电网，在微网或者分布式能源等能量自治单元基础之上实现能量交换与路由。与美国 FREEDM 项目类似，在配电网层面上实现可再生新能源接入、储能、负荷的“即插即用”。面对分布式可再生能源大规模接入的挑战，微网灵活但存在供电不稳定等问题。目前，大电网稳定但无法适应灵活接入和动态调度，能源广域网可以起到衔接和补充作用。

开放、互联是能源互联网在广域网层面上最重要的特征。能源互联网是一个自动化、智能化、智慧化的能量系统网络，能源主干网和能源微网的联通必须通过互联协议和分配设施实现。能源互联网强调互动化、互操作和自底向上灵活组网，互联协议是基础。电力系统通过和通信、信息技术、软硬件等结合，确定域、实体和接口或数据流的构成，实现各种电源、微电网和智能电网的联通、互动。风力发电、光伏发电、储能设施等通过微网内能量转换协议和接口，实现多能互补的联通、互动。

能源互联网是对能量的用户端优化，满足方便、稳定、实时、高效的用户需求。智能分配的关键设施是能效优化系统和能量交换和路由设备。能量交换和路由设备根据信息流的反馈实时调整对能量流的控制，在能量网络中对生产、负荷、储能容量等进行分析，实现电力分配的过程最优、转换最少、路径最短、损失最小，完成区域能源的调度控制。在能源主干网层次上，智能分配设施将实现不同地区上传能量的全网优化和不同地区用能需求的网络调配。

三、能源主干网

对应目前电网架构中的输电网，把一个同步集中控制的大电网逐步转变成一个异步自治互联式电网，如可以大力发展高压直流输电技术连接区域交流电网，或者采用直流“背靠背”技术，将现有集中统一的交流大电网进行分隔，避免由于无法实现动态灵活的供需平衡而引发安全稳定性问题。

能源主干网是能源微网的联通和稳定性的保证，目前更承担着集中式或大规模的能源生产端、能源消费端的联通、调配，其最终发展目标是以高级智能电网为特征的输电网。智能电网的建设包括对发电、输电、储电、配电、售电、用电等一系列过程的智能化。智能电网在输电上的建设，即输电网的智能化，是能源主干网的主要建设内容，是能源微网电力系统（微网电系统）安全、平稳运行的保证。智能电网建设，可以延伸到微电网的层面，微电网建设的另一重点，即分布式发电及其互联互补，也是智能电网在电力生产环节的建设要求。智能电网需要物联网的架构思想、技术方法和智能化的设备设施及系统集成，以安全、协调、经济、可持续为发展目标，遵从高效、低碳的能量利用率。

智能电网对能源供需平衡的配置，主要体现在现有电网架构上通过信息化和智能化的手段，解决设备利用率、安全可靠性、供电质量、新能源接入等基本问题。但这还是在传统电网的基础上，根据电力需求变动，智能配置供需平衡，调高用能效率，依然是能源集中供应方对多方需求的智能电力配置模式。而能源互联网的不同，在于采用互联网理念、方法和技术实现能源基础设施架构本身的重大变革，构建新型的信息能源融合网络。能源互联网在智能电网的基础上，大幅度增添了功能。能源互联网中既有集中的能源供应方，也有大量分散的能源供应方，还有分散的能源需求方，是供应方对需求方的智能能源配置模式。不论是分散化的用电设备，还是分布式的可再生能源，都可即用即插地接入，实现能源的共享。

通过以信息为中心的、互联网为模型的能源互联网体系架构以及信息能源融合机制，实现信息能源基础设施的深度耦合，实现不同能源之间及能源与消费者之间的协同互动，达到能源的高效利用。上述能源互联网需要对原有配电网结构进行裂解，并实现分布式的能量流管理控制，这就需要能量交换和路由设备。能源互联网可以借鉴其中的机制，但能量和信息的交换及传输是有本质不同的。相比现在集中式电网自上而下的紧耦合模式，能源互联网是局域自治，在广域互联中可以通过储能缓冲、直流输电等方式实现解耦，同时局域不稳定问题可以通过广泛互联实现广域的动态互备用，达到安全、稳定、可靠的目标，而不是依靠过大的安全裕度而降低了系统利用率。

能量与信息的互联、传世与交换仍有着本质的不同，能源互联网的发展应该在开放架构的基础之上，发展分层、分级的能源互联网总体架构，在微电网、配电网层面形成局域消纳和广域互联，进而在地区、国家乃至洲际形成主干互联，多层级协调发展、紧密衔接，构成广泛覆盖的资源配置体系。

第三节　能源互联网典型场景（场景组成、运行、分析）

能源互联网代表未来的方向，但其发展还有很长的路要走，在现实条件下是否有可行的能源互联网典型场景，是大家关心的问题。图 4-2 所示为结合能源互联网理念提出的一个具有开放对等互联要素的能源互联网典型场景。

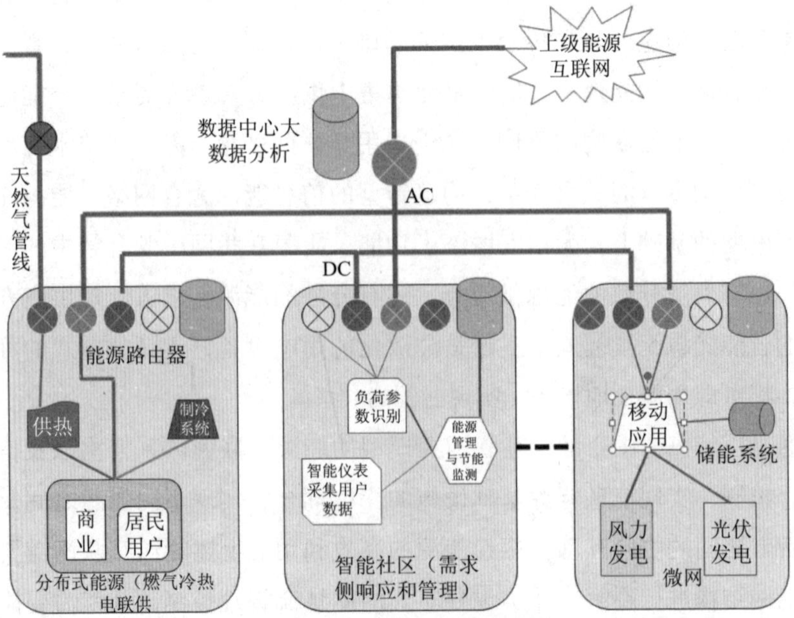

图 4-2　能源互联网模拟场景

一、场景组成

图 4-2 所示的能源互联网由三个能源局域网和大电网组成。其中，能源微网是一个地域范畴，也是能源互联网供电模型中的基本单元，微网中包含有家庭用户、商业用户以及工厂或各类用电机构。总之，从用户角度看微网就是一个小的社会范畴。微网的供电由分布式能源和大电网共同支撑，例如以分布式发电为主，以大电网供电为辅。微网内部即有风、光、储、电动汽车等基本分布式能源单元（微网的基本要素），此外还包含信息基础设施建设，如光纤通信、移动通信、传感器及数据中心。信息层收集用电信息、发电与环境信息，并参照历史数据，根据当前用户用电需求，进行供电、调度决策。

二、场景运行

三个上述能源微网组成了设计的模型，用以描述微网间能量交换与路由。大电网与三个微网分别联通，也可以保障微网用电。当微网内部的分布式能源发电不满足微网的用电需求时，该微网的供电有可能考虑由其他两个微网提供，也可以由大电网提供，完全取决于本地的策略。而这样的运行机制恰恰体现出开放、对等的能源互联网本质特征，没有主辅关系，而是灵活的开放、互联。

如图 4-2 所示，能源微网构成要素包括以下几点：

（一）分布式能源（燃气冷热电联供）

燃气冷热电三联供系统是以燃气作为一次能源产生电、热、冷二次能源的系统。天然气燃烧把化学能转化为热能，高品位的热能用来发电，低品位的热能用于供热或者为吸收式、吸附式制冷系统提供驱动热源，从而实现对天然气化学能的多级多次利用。燃气冷热电三联供系统具有很高的一次能源利用效率。对于普通的火力发电系统，一次能源利用效率约为 40%，在传输电能过程中又要经受约 2%的损失。而采用冷热电三联供系统，一次能源利用效率通常可达 80%以上。

（二）微网（风、光、储等）

风、光作为分布式可再生能源的主力，由于其间歇性，必须辅以储能的支撑，这些在微网的技术研究与发展中得到实践。目前，发展很快的包括直流微网等在内。但微网本身一般很难稳定孤岛运行，而微网并网又受限于尚不灵活的电网。能源互联网为微网的接入和互联提供了另外的思路。微网的新能源发电和储能目前还存在成本问题，引入能源互联网有利于在更大范围内提高微网实现的经济可行性。

（三）智能社区（需求侧响应和管理）

需求侧响应是指电力用户受不同时期的电力价格和激励措施的影响，主动改变其日常用电模式，以期在电力市场的电力价格高涨或者在电力系统的可靠性受到威胁时，通过及时响应电网指令、降低用电需求或转移用电时间来获益。其执行可以是基于价格或者基于激励机制的。需求响应的主要实施过程是运营方和用户双方事先经过协议沟通并签订相应的响应合同，合同内容包括用户愿意进行的需求响应方式、响应方法以及补偿办法等。运营方根据能源互联网运营情况确定需求响应的时间和方式等需求响应事件，并将此需求响应事件通知给能源互联网能量管理系统，进而由能源管理系统下发信号给用户。用户接到信号后根据自己的用电需求做出响应判断。运营方根据需求响应效果确定能源互联网运营情况，并根据合同对用户进行响应的补偿。

（四）场景分析

微网的风、光、储及电动汽车的基本功能与目前研究的微网概念没有本质区别，主要区别在于微网、分布式能源、需求侧响应、大电网间的开放对等的信息和能量交换。信息层面，即通过增加的信息层，使得微网本身不再是一个简单的能源供给环节，而变成一个智能的能源补给实体，即多种能源之间有了协调与平衡；此外，更为重要的一点是，信息层的存在使得微网不再是一个独立的个体，信息层为微网之间的互通建立了信息通道，使得微网的组网成为可能，也使得能量在微网间流动得以实现。

例如，基于这样的框架，当微网 A 处于缺电状态时，A 并不急于向广域大电网提出电能需求，而可以转向附近电价更加低廉、使用更加环保的分布式能源 B 提出供电需求，后者根据自己发电和用电情况，同时或单独向微网 A 供电。这一过程代表能源互联网自底向上开放、互联，能量和信息对等交换的典型场景。类似信息互联网中局域网与广域网的本质区别一样，能源互联网中广域互联也必须以设备的即插即用和开放、简洁的标准协议为基础。而具体控制的目标函数可以有多种，如以电价为目标、以节能环保为目标、以最大输出功率为目标，或者以综合指标为目标等，以实现实时在线动态的更加精细化的分散协同式的能量管理。

相对于传统自顶向下的电网发、输、配、变、用的模式，在一定区域内的能源互联网承担了分布式能源的灵活接入、动态负荷的局部消纳、与用户互动的需求侧响应等功能。同时，能源互联网在很大程度上屏蔽了源和用引入的动态性，一定程度上减少了大电网利用大的冗余度换取安全可靠性的程度，提高了大电网的整体利用效率。各方面因素协同考虑，可以形成现实意义下具有经济可行性的工程示范方案。

第五章　河南省能源互联网关键技术与设施

本章重点讨论河南省能源互联网相关的关键技术。作为新一代能源系统的具体实现，能源互联网的相关技术可以包括所有已有的能源、电力和信息等技术，本章只着重讨论“开放”“互联”本身相关的技术。

第一节　组网与互操作模型及技术

开放性是能源互联网区别于以往智能电网的一个关键，要实现类似互联网的开放对等与广泛互联，在能源互联网标准体系中开放的接口定义和互操作模型框架必不可少。互联网标准模型协议的主要特点是开放、简洁、易行，这才使互联网得到大规模应用和迅速发展。例如，TCP/IP 协议奠定了互联网发展的基础，广域互联规避了局域网信息交换底层复杂协议和机制，与局域网协议有本质的不同，因此，才能形成大规模的互联发展。

要实现能源互联网开放式的组网，相关单元如风、光、储、负荷、能量交换与路由装置等要实现“即插即用”，必须满足响应的互操作模型。不但信息模型与交换技术是必需的，相应的能量传输、交换乃至路由技术更加重要。组网与互操作模型是能源互联网能够以开放对等方式实现广泛互联的基础。虽然不同层级互联的对象不同，其相应的组网与互操作模型应该是一致的。

与开放性相对应的另一概念是可控性。互联网具有很好的开放性，便于规模化扩展，但同时具有管理困难的特点，其根本原因在于网络控制功能分散于各个路由器节点中，难于达到一致的网络状态，提供完整、复杂的控制功能依赖于对所有分散节点的独立管理和调试，浪费大量的人力、物力，且难于发现和解决的漏洞。

例如，软件定义网络（Software-Defined Networking，SDN）的主要概念是控制平面和数据传输平面的分离。控制信道与数据平面的数据传输信道逻辑独立，即控制。数据的转发信道不依赖于数据传输信道的建立，在传统通信网中这是不可能的。此模型强调决策逻辑和网络元素交互协议的分离，提出了数据平面简单化，基础化的特点，同时提出路由节点转发表可以从零开始配置（不必预先的人工配置）。由此，SDN 提出将控制逻辑从分散的路由节点中独立出来，形成逻辑上统一的控制节点，而路由节点仅实现简单的数据转发功能。

SDN 是开放性与可控性的一个有效折中，即保持网络体系结构的开放、又加强了可控性，因此，适合能源互联网的场景。互联网信息的交换采取端到端传输可靠性保证，而在网络层采取尽力而为的方式，即保证了性能又提供了足够好的可靠性，但其前提是终端的智能化程度比较高。能量的交换对可靠性的要求更高，因此，能源互联网对信息通信要求更高，在开放、对等、互联的前提下，必须增强可控性。另外，SDN 区别于传统通信网络的一个特点是，它可以在规定时间内以很高的概率保持路由路径的不变性（拓扑改变可能引起路径改变，但出现概率不大），这在传统通信网络中很难明确保证。利用该特点，在能源互联网中，控制信息的路由和能量路由可以一体化实现，通过 SDN 实现控制能源互联网能量交换路径的建立和切除。而传统的通信网络由于采用分散控制，难于保证前后路由路径的一致性。

软件定义的方法仅仅是解决能源互联网体系架构问题的可选方法之一，类似的方法和问题在互联网、分布式系统、电力系统、电网等方面都有很多探讨，可以作为能源互联网技术研究的前沿课题之一。

第二节　大规模储能系统技术

类似于互联网的内容“缓存”会大大提高互联网的性能，能源互联网中的“缓存”就是储能。储能在某种程度上缓解了电网对供需瞬时平衡的要求，也可以在能量传输过程中起到“解耦”的作用。

例如，化学储能主要有铅酸、液流、钠硫、镍氢、镍镉、锂离子、钠镍盐电池等。铅酸电池技术比较成熟，具有价格低廉、安全性能相对可靠的优点，但铅酸电池组运行和维护费用高，用作大规模储能的应用其经济性不高，限制了它在储能应用领域的广泛推广；镍镉电池各项性能指标与铅酸电池相近，同时有记忆效应和自放电现象，且存在镉金属污染问题。因此，不具备在电力系统推广应用的潜力；镍氢电池是目前被看好的取代镍镉电池和铅酸电池的产品，由于其存在高温使用电荷量急剧下降等特点，因此，并非是一理想电池，也有可能只是一个过渡性的二次电池；对于液流电池储能，技术成熟度高，有大量的运行经验，但其能量密度较低、占地面积大，从而一定程度上制约了其在电力系统的广泛应用，尤其不适宜应用于占地紧张的城市大容量储能系统；对于钠硫电池储能，其技术成熟度高，能量密度高、占地面积小，在电网中有大量的运行经验（日本和美国），适用于土地紧张的城市电网储能系统。但是，钠硫电池的循环寿命受放电深度的影响较大（10%放电深度，45000 次；90%放电深度，4500 次），且随着使用年限的增加，效率较低。目前能够商业化生产钠硫电池的仅有日本 NGK 公司，但技术沟通存在一定的不便、技术支持周期长；对于锂离子电池储能，能量密度高、效率高（90%），在电网中具有广阔的应用前景。但是，锂离子电池储能大容量（兆瓦级）应用经验少，锂离子电池大容量集成应用的各项指标有待进一步的检验，而且厂家对电网标准了解不够，一些设备需要后续提供入网检测报告。对于钠镍盐电池储能，作为在钠硫电池研制基础上发展起来的新兴储能装置，该电池具有与钠硫电池相类似的优点，如能量密度高、循环寿命长、效率高，且在电池制造工艺、安全性等方面更具有优势。更重要的是，在国内已经有较为成熟的研究成果，电池的成本很低。总而言之，储能装置各具特色，要根据实际应用情况进行分析。能源互联网需要的主要是适应不同场景需求的储能系统。这其中除了储能本身外，还需要的是储能管理系统、功率变换系统、监测和控制系统等相关技术。

第三节　电力电子及能源优化技术

电力电子技术是实现能源互联有效控制的关键技术。能源互联网在于能量流与信息流的深度结合，建立构建于信息架构上的能源网络，能源与信息的两相融合，实现发电、输电、变电、配电、用电的智能化管理。这些目标的实现都需要依托于当今电力电子技术的发展与成熟。实现可再生新能源的有效利用要依靠电力电子技术、并网逆变器、光伏电池、风机、燃料电池、储能元件等都需要通过电力电子变换器才能与能源局域网相连接。这些变换器可能既包括整流器也包括逆变器，也可能仅仅是一个逆变器。变换器具有响应速度快、惯性小、过流能力弱等特性，除了具备常规逆变器的功能以及能够并联运行外，还需要具备一些控制功能，如频率下垂控制功能和电压—无功下垂控制功能。实现能量流的精细化管控也需要利用电力电子技术，智能通用电力变压器是将电力电子变换技术和基于电磁感应原理的电能变换技术相结合，实现将一种电力特征的电能转变为另一种电力特征的电能的静止电气设备。它具备可控性强、可实现所有 FACTS/DFACTS 功能、电源接口灵活多样、体积小等优点，便于多种类型电源的接入，以及用电环境复杂多变情况下能量流的控制，主要解决变压、变流、变频、潮流控制、电能质量控制以及直流配网的运行等方面的问题。

基于现有的电网仿真环境，结合信息物理融合仿真技术，将信息和能源基础设施仿真紧密结合，开发适合能源互联网场景的软硬件结合的仿真和开发环境，为能源互联网的研究与发展奠定基础。与互联网相似，能源互联网在局域网、广域网和主干网中的特点不同，相应的实现和管理方式也有着本质的不同，能量在局域网侧重多种形式的快速转化，在广域网传输侧重系统的开放性、可扩展性和标准协议的简约，在主干网强调大电网的异步自治解耦互联。而联合仿真意味着将现有的电网暂态和稳态仿真分析与计算机网络仿真技术相结合，得到信息物理融合意义下的电网运行和信息网络运行相互作用关系的分析结果。

为了实现分散协同的能源路由调度、分析与优化，我们需要按照如下步骤操作。首先，能源互联网中需要的新型能源管理系统必须是分散协同式的，其充分考虑了可再生能源发电的特点，强化可再生能源发电系统和电网之间的连接和交互，使得可再生能源发电被充分利用，实现整个电网收益的最大化。其次，在能源互联网系统中，传统电网用户不仅是电力使用者，也是电力生产者。他们可以将生产的电力无障碍地传输电网，并获取相应的回报。通过电力生产控制、通信技术和能源存储装置的协调工作，能源互联网系统可以实现可靠的双向电力传输，同时为普通用户和工业用户提供高质量的电力供应。

第四节　能量路由器及能量大数据分析

能量路由器是能源互联网运行与控制的具体实施装置，其在实际应用中执行智能管理系统的调控指令，包括能源的高效传输装置、低损耗转换装置、高效能源自由路由装置等。通过这些装置实现能源远距离、高功率、低消耗的传输与调配，完成不同地区上传能源的全网优化分配，实现不同地区用能需求的全网调配。优化的能源路由方式与低功耗能量传输装置的结合，是实现能源互联互通、共享能源生产与分配的核心环节。

能源互联网从根本上是对能量流的精细化管理控制，使传统能量流单向的流向改变为双向的流向，在能源网络中对电源、负荷或储能容量等进行分组，构成能源子网，分区域、分层次地实现能源的管理控制。因此，可以友好地接入当前电网中的能量路由器，完成区域能源的管理控制。对覆盖于当前电网上的能源互联网来讲，能量路由器是核心设备。任何不稳定的能源（如风能）接入，需要一个优秀的能量路由器。通过能量路由器可以管控能源互联网内的能量流，能量路由器提供多种接口以对应多种能量流类型的接入和输出，同时提供对不同结构电网的管理，实现多层次能源网络的开发式管理控制。

能量路由器是能源互联网实现的核心，它比信息路由器要复杂很多，是智能变压器的进一步发展，主要技术包括能量路由器的存储控制、能源互联与路由机制，在分布式能源的基础上实现能源的对等互联、缓存、交换和路由。能量路由器可以根据信息流完成对能量流的控制，是电磁技术、通信技术、控制技术、电力电子技术、计算机技术的高水平综合产物。

能源互联网发生故障时，要求能源互联网各分布子系统可以自动实现孤岛运行与并网运行之间的平滑切换，整个网络的中枢系统可以基于本地信息对能源互联网中的事件作出快速独立的响应。传统的能量管理系统在消纳大规模可再生能源发电方面遇到瓶颈时，需要在能源互联网的基础上建立一个能源信息实时采集、处理、分析与决策的分散协同式的新一代能源管理系统。

基于物联网、云计算和大数据分析等现代通信信息技术的支撑，能量管理与大数据分析主要包括电能信息采集控制系统、电能质量监测分析系统、电网能源管理系统、用户侧的能源管理系统等多个子系统。例如，负荷信息不全的参数和参数不准一直是电力系统仿真分析和能源管理的重要问题，能源互联网与信息基础设施紧密结合，可以为实时动态地收集和处理海量负荷信息提供最强有力的技术支撑，同时提供智能信息处理和决策支持能力，实现电源和负荷的协调控制、电能质量控制以及其他高级能源管理功能和应用。如果能够根据能源需求、市场信息和运行约束等条件实时决策，则可以自由控制可再生能源发电与电网的能连交换；提供分级服务，通过延迟对弹性负荷的需求响应，确保关键负荷的优质电力保证；对设备和负荷进行灵活调度，确保系统的最优化运行等。

第五节　安全防护、质量监督与评价认证体系

当前基础设施部署广泛，已投入高额成本，且技术为人们所熟知，彻底更换现有基础设施的激进做法并不现实。但照搬互联网架构到能源领域的问题之一是安全性。现有互联网架构的最大问题是发展之初没有做好安全防护方面的顶层设计，导致大规模发展之后互联网安全问题成为制约因素。例如，传统网络强调机器的连接，而现在互联网是以内容为中心，借鉴内容中心架构、软件定义架构，可以更好地解决互联网安全问题。因此，要在能源互联

网中实现信息流支撑能量流的安全防护和管理，可以借鉴未来网络体系架构研究的最新成果，从源头上避免安全方面的问题。能源互联网的开放并不意味着没有监管，相反，由于能源互联网对安全可靠性的要求更高，更需要加强监管和质量保障。需要通过调查研究相关领域的质量监督和认证体系，尝试建立能源互联网场景下的相关体系架构，其中包括能源互联网建设、组网、实施、运行、服务、运营等多个阶段的相关监督和认证体系。

借鉴互联网和电网的发展经验，量测和评价体系是必不可少的。这包括对能源互联网量测体系架构与一般要求。测量数据传输接口与管理规范、测量组件接入能源互联网的技术要求等内容。能源互联网的评价指标体系将涉及多个维度：从基础设施到上层业务服务，从能源到信息增值服务，从网络性能到传输质量，从安全可靠性到风险成长性等。这些都需要仔细梳理，形成对实践具有指导意义的评价体系。能源互联网关键技术涉及储能、电力电子、数据中心等，许多技术仍然处于产业化前期，尚不具备大规模推广的市场前景。能源互联网发展的经济可行性如何是一个被广泛关注的问题，其中，除了关键技术的经济可行性之外，还需要考虑能源互联网作为整体架构的技术经济分析，并进行具体研究和详细核算。

第六章　能源互联网在国内外的实践与发展

20 世纪 80 年代，Richard Buckminster Fuller 提出了世界电能网络（World Electrical Energy Grid）的构想。1986 年，Peter Meisen 创立了全球能源网络学会（Global Energy Network Institute，GENI）。这里的互联主要是指物理网络（Grid 或 Network）的连接，还没有引入互联网理念和技术。此时，互联网的发展刚刚起步，处于向能源网学习阶段。2003 年，美加 8·14 大停电后，《The Economist》于 2004 年发表了《Building the Energy Internet》。该文提出要借鉴互联网自愈和即插即用的特点，建设能源互联网（Energy Internet），将传统电网转变为智能、响应和自愈的数字网络，支持分布式发电和储能设备的接入，减少大停电及其影响。2008 年，美国国家科学基金资助 FREEDM 项目，历时 5~10 年，项目成立了 FREEDM 研究中心，提出建设能源互联网（Energy Internet）。2008 年，德国联邦经济技术部与环境部发起 E-Energy 项目，历时 4 年，实施了能源互联网（Internet of Energy）的 6 个示范项目（尹晨晖等，2015）。2011 年，里夫金出版《第三次工业革命》，提出能源互联网（Energy Internet）是第三次工业革命的核心之一，使得能源互联网被更多人关注，产生了较大影响。在此之前，里夫金就参与了欧洲部分国家的能源规划。2014 年，里夫金出版《零边际成本社会》，进一步阐述了能源互联网的作用。

目前，能源互联网在发达国家已经经历了从理论到实践、从设想到技术的蜕变，为全球能源互联网的沟通与融合起到了示范作用。以下重点介绍德国、美国和日本的能源互联网发展的实践。

第一节　德国互联网的实践与发展

德国在能源互联网的探索和实践方面走在了世界的前列，取得了丰硕的成果和诸多宝贵的经验，为其他国家在能源互联网的建设给予借鉴和启迪。

一、德国能源互联网的实践

（一）能源互联网产生的背景

20 世纪 80 年代，德国成立了弗莱堡生态研究所，主要负责未来能源转型的研究。化石能源对环境的污染，以及 1986 年切尔诺贝利核电站核泄漏事件都促使德国政府下定决心限制化石能源消耗、废除核电，同时，积极寻求可再生、清洁、安全能源的开发和利用。

1990 年 10 月，两德合并后，为了应对经济总量扩大伴随的能源消耗爆发增长，德国政府在 1991 年 1 月颁布了《电力入网法》，强制要求公用电力公司购买可再生能源电力。涉及的可再生能源电力有水电、风电、地热发电、光伏发电和沼气发电等。

由于外部市场环境变化，《电力入网法》的进一步实施自 1998 年之后遭遇巨大阻力，于是，德国于 2000 年出台了《可再生能源法》（Emeuerbare Energien Gesetz，简称 EEG）来取代之前的《电力入网法》。EEG 实施后，德国的可再生能源发展更加迅猛，成为世界上可再生能源发展最快的国家。截至 2015 年年底，德国发电总装机 1.9 亿千瓦，其中，风电 4461 万千瓦，太阳能发电 3933 万千瓦，占德国总装机的 43%；2015 年，德国总发电量 6518 亿千瓦时，其中风电 880 亿千瓦时，太阳能发电 384 亿千瓦时，约占总发电量的 20%。部分时段风电和光伏发电发电量比例已经高于 50%，甚至达 80%。EEG 自实施后随时间推移和形势变化几经修订，从开始的对可再生能源电力进行财政补贴、固定电价、强制购买，到逐步以市场溢价逐步取代固定电价补贴。

在政策法律的保障下，德国可再生能源在能源供给方面所占比例可观，这为能源网络的诞生奠定了基础，但是分散的能源需要更高效的整合利用，在信息化高速发展的21世纪能源互联网应运而生。

（二）德国能源互联网实践

2008年，德国联邦经济和技术部启动了“E-Energy”计划，目标是建立一个能基本实现自我调控的智能化的电力系统，而其中信息和通信技术是实现此目的的关键。在政府的指导下，在2008—2013年间，E-Energy面向全国通过技术及商业模式成功招标6个示范地区作为试点开展能源互联网实践计划，如表6-1所示。6个示范区依据自身资源和技术优势，发展了适合自身的能源互联网模式：

表6-1　德国能源互联网试点项目

E-Energy试点	试点内容
库克斯港E-Telligence项目	建立基于互联网的区域性能源市场
莱茵鲁尔地区E-Dema项目	建立智能互联型的分布式能源社区
卡尔斯鲁厄和斯图加特地区Meregio项目	建立基于实时电价的错峰用电模式
莱茵—内卡城市圈Mannheim项目	建立分布式能源与水气的公用平台，将分布式能源和其他公用设施融入城市原有配电网和基础设施网络
哈茨地区RegMod项目	整合储能设施，电动汽车、可再生能源和智能家电的虚拟电站
亚琛Smart Watts项目	建立覆盖分布式的电力交易平台

1. 库克斯港E-Telligence项目

库克斯港位于德国西北沿海，人口较少，风能资源丰富，大功率负荷比较单一。该项目的物理结构主要由1座风力发电厂、1座光伏电站、2座冷库、1座热电联产厂和650户家庭组成，主要措施包括：冷库功率随电价和风力发电的出力波动自动调节，实现面向发电的用电和面向用电的发电深度融合；引入分段电价和动态电价相结合的政策，依据负荷和新能源的发电情况制定优惠电价和高峰电价；引入虚拟电厂的概念，对多种类型的分布式电源和负荷进行集中管理。总之，E-Telligence运用互联网技术构建一个复杂的能源调节系统，通过调节负荷来平抑新能源出力的波动性和间歇性，提高对新能源的消纳能力，形成一个区域性的一体化能源市场。

经过几年的运行，E-Telligence 取得了良好的经济和社会效益：分段电价使家庭节约了 13%的电能，动态电价使得优惠电价时段负荷增加 30%，而高峰电价时段负荷减少 20%；虚拟电厂的运用减少了 16%由于风电出力的不确定性造成的不平衡问题；虚拟电厂根据内部电量的供求关系与区域售电商进行交易，降低了成本，热电联产厂也实现了利润增加；基于 E-Telligence 项目设计的 OpenIEC61850 通信规约标准已被德国业内认可。

2. 莱茵鲁尔地区 E-DeMa 项目

E-DeMa 项目选址于莱茵—鲁尔区的米尔海姆和克雷菲尔德两座城市，侧重于差异化负荷密度下的分布式能源社区建设，基本的手段是将用户、发电商、售电商、设备运营商等角色整合于一个系统并进行虚拟的电力交易，包括电量和备用容量。有 700 户家庭参与了该项目，其中，13 户安装了微型热电联产装置。

E-DeMa 项目的核心是“智能能源路由器”。它由光伏逆变器、家庭储能单元或智能电表组合而成，根据电厂发电和用户负荷情况，以最佳路径选择和分配电力传输路由，传输电力。用它来实现电力管理，既可以实现用电智能监控和需求响应，又可以调度分布式电力给电网或社区其他电力用户。对于结构复杂的网络，能源路由器可以提高网络的整体效率，保障用电的安全稳定。

E-DeMa 项目是欧盟“超级智能电网”计划的试验之一，目前虽未对能源及电价产生直接影响，但居民通过智能电表了解各时段用电量，从而相应调整用电习惯，达到了节约电费的效果。

3. 卡尔斯鲁厄和斯图加特地区 Meregio 项目

Meregio 项目位于德国南部的格平根和弗赖阿姆特两个乡村小城，工商业发达，共有 1000 个工商业和家庭用户参与了该项目。Meregio 项目的电力以传统火电和燃料电池为主，故其主旨在于通过感知用户负荷，定位配电网中的薄弱环节，更好地预测、配置资源，从而降低电网拥堵，提高运行效率，简言之，就是鼓励错峰用电、削峰填谷，提高能源利用效率、减少化石能源温室气体排放。

Meregio 项目为区域内用户安装智能电表，实时掌握用户负荷数据，计算配电网的负荷情况定位薄弱环节；引入红绿灯电价制度调控用户用电习惯；在变电站中安装可变变压器，使分布式能源的消纳能力提高了近一倍。

Meregio 项目的探索和实践为传统化石能源融入能源互联网提供了很好的示范。

4. 莱茵—内卡城市圈 Mannheim 项目

Mannheim 项目于工业城市曼海姆开展，曼海姆是莱茵—卡尔城市圈经济和文化中心，有众多卫星城市，能源供给多为分布式能源。Mannheim 项目是典型的能源互联网示范项目，目标是构建一个以消费者为核心的虚拟能源市场，在项目实施阶段，开发一个名为“能源管家”的新系统，此系统可以自动开闭电器。智能电表、“能源管家”和门户网站协调配合，向用户提供更自由多样的电价选择，鼓励其错峰用电。

Mannheim 项目还提出了细胞电网的概念，并分为三个层次：物体细胞、配电网细胞和系统细胞。细胞电网中每层细胞都能自行优化，尝试平衡和调整，这种分层控制的方法不仅可以减小输送能耗、更大程度地保障电网安全，还可以降低电网管理复杂性、提高数据处理效率，但其架构在技术层面上和电力生产方面比传统电网有更高要求。

Mannheim 项目的特点在于其将分布式能源和其他公用设施（自来水、供热、燃气）有机地融入了城市原有的配电网和基础设施网络，曼海姆居民所使用的电力、自来水、供热、燃气都来自身边最近的分布式能源中心，尽可能减少传输的损耗。曼海姆示范城市项目建立了能够融合水、电、气、热等在内的公共资源的泛能网络和分布式泛能中心，为能源互联网向电力以外的能源扩展提供了示范。

5. 哈茨地区 RegMod 项目

哈茨位于德国中部山区，有丰富的风力、水力等可再生能源资源。RegMod 项目的目标是对分散风力、太阳能、生物质等可再生能源发电设备与水电站进行协调，从而使可再生能源联合循环利用达到最优。其基本物理结构包含两个光伏电站、两个风电场、一个生物质发电厂。RegMod 项目是一个综合性的能源互联网项目，其核心示范内容是整合储能设施、电动汽车、可再生能源和智能家用电器的虚拟电站（VPP），可称为能源互联网的雏形。

主要措施及其成效有：建立家庭能源管理系统，家电能够“即插即用”——可再生能源发电有富余的时候，抽水蓄能电站和电动汽车可以储存多余的电力，智能家用电器，比如智能洗衣机、智能洗碗机、智能热水器等，也会及时开启消费多余电力，在电力需求攀升的时候，这些储能设施可以和智能用电器一起构成虚拟电站，通过释放所存储的电力以及减少智能电器的用电量来满足紧张的电力消费需求；光伏、风电、生物质发电、电动汽车和储能装置共同构成虚拟电厂，参与电力市场交易，丰富了配电网系统的调控手段，为分布式能源参与市场调节提供了参考。

6. 亚琛 Smart Watts 项目

Smart Watts 项目的目标是运用高端成熟的 ICT 技术，追踪电力从生产到消耗的每一步，进而向用户传达其所用电力来源和所用电器的电力消耗水平。共 250 个家庭参与了该项目，用户通过智能电表获知实时电价，根据电价高低调整家庭用电方案和电动车充电方案。用户可以自由选择电费套餐，也可以通过应用程序控制家电开关，自行决定家电运行。实际试验取得了良好的结果：在电价最低的时段，负荷上升了 10%；在电价最高的时段，负荷下降了 5%。

Smart Watts 项目还设计了 EEBus。作为一个通信翻译器，EEBus 解决了智能家电中各个电气设备存在多种通信标准的问题，它可以将现行的通信标准翻译给售电商、电网、发电商、用户、家用电器商等相关部门。

在“E-Energy”计划实施以后，德国政府又陆续开展了 IRENE、Peer Energy Cloud、ZESMIT 和 Future Energy Grid 等项目。

IRENE 项目在德国南部的维尔德博尔茨里德小镇展开，其核心内容是整合可再生能源和电动汽车，建立独立的能源供应系统。

事实上，德国的能源互联网示范工程还在进一步的推进，各个已经实施或者正在实施的项目也都取得了较为理想的结果，但其理念和措施 E-Energy 的示范项目大同小异。

二、德国发展能源互联网的有利因素

德国的能源互联网计划自开展至今取得了理想的效果，原因有以下几个方面。

（一）能源转型阶段性目标的基本完成

德国能源转型有两个目标：一是退出核能，二是2050年基本退出化石能源。为此，德国一方面提高化石燃料能效，另一方面积极开展可再生能源的开发利用，从《电力入网法》颁布实施开始，德国可再生能源在能源消耗中占比迅速上升，2000年，可再生能源占比5%，其中，大部分是水能；2016年，可再生能源在能源消耗中的比重已经到了33%。可再生能源的遍地开花使得能源互联网的建立“有米可炊”。

（二）信息产业的快速发展

自21世纪以来，信息和网络技术日新月异。但是在德国，拥有完全与美国和中国不同的创新意识和互联网精神。传统工业系统支配下的德国社会已经达成共识：真正的互联网精神，不应该是IT和互联网界人士强加给社会普通人士的投机诱饵，而应该是互联网工具化后的全景渗透和数字经济引导。在这种共识的影响下，德国的信息和互联网技术天生具有更强的实用性和服务性，与传统能源行业结合也更容易。

（三）政府的能源政策措施

德国政府对于解决化石能源问题决心非常坚定，并制定了大量的法律法规。1998年，德国《能源工业法》规定能源法三大宗旨：安全稳定的能源供应、合理的能源价格和生态平衡。此外，还有一系列能源专门法，1991年的《电力入网法》、1999年的《引入生态税改革法》、2000年的《可再生能源法》，还有很多其他方面关于能源的法律法规。这些法律渗透了德国政府对于能源问题的思考，积极探索能源问题的出路，所以能源互联网更易被接受。

从20世纪90年代，德国开始能源转型战略以来，德国政府就对可再生能源生产进行财政补贴，使其成为一种无风险、高收益的产业。仅2014年德国对可再生能源电力的补贴总计达到 215 亿欧元，这相当于德国当年 GDP（3.85 万亿美元）的 0.67%。激励政策保证了确定、长期（一般为 20 年）、大量的补贴资金，使私人投资源源不断地进入可再生能源发电领域，从而使可再生能源电力占电力总消费的比例逐年稳步提升。德国可再生能源电力消费占电力总消费的比例从 2000 年的 6.2%增加到 2014 年的 27.8%。

2008 年，德国开展 E-Energy 计划，为期 4 年，预算 1.4 亿欧元。之后开展的各项计划，政府都有拨款推进计划进行。

（四）民众的支持与参与

德国的能源互联网计划是在能源转型的背景下展开的，德国的环境教育成效卓著，普通民众有很强的环保节能意识，德国政府鼓励民众参与能源项目。

分利于民——2013 年夏天，德国政府为了赢得选民的支持，也为了加快德国骨干输电网建设，推出了一项新政策，即德国环境部与德国经济部于日前和德国四大输电网公司就德国民众投资参与新输电网建设事项达成共识，并在柏林签署了协议。按照协议，德国民众将可以投资入股基于四条高压直流输电的德国新骨干输电网建设并可以得到最高 5%的派息。

能源合作社投资新能源——自 2012 年以来，在德国出现了越来越多的新型能源合作社投资新能源电厂。普通大众通过组建合作社性质的企业，集中资金，联合地区供电公司和相关企业，投资组建大型风能和光能电厂，并将所发电能上网出售。德国合作社协会（DGRV）最新调查显示，截至 2012 年年底，德国已经有 656 个能源合作社，总计超过 13 万成员，在 DGRV 注册运营，相对于 2011 年增长了 30%。2012 年，成员入股 4 亿多欧元，总计投资额超过 12 亿欧元，较 2011 年增长超过 50%。2012 年，装机总容量达到近 42 万 KWP，发电 580 万兆瓦。

三、德国发展能源互联网存在的问题

德国能源互联网的建设也面临着一些问题，比如现有电网落后、政府财政补贴困难等问题。

（一）现有电网落后

德国的新能源电力蓬勃发展，德国电网作为世界上最稳定电网之一确实难以满足电力发展的需求。根据德国联邦电网管理局（Bundes Netz Agentur）发布的 2014 年电力市场监察报告，由于电网输送能力不足，风能、太阳能和生物能发电站受限电量总额达约 1580 千兆瓦时，电网扩容迫在眉睫。同时，电力用户还不得不为那些由于输送能力不足造成的受限电量损耗支付更高昂的费用，因此，降低输电网络能量损耗也是未来电网改进的重中之重。

目前，德国能源互联网处于试验阶段，推出的各个项目多以试点形式展开，电网落后的问题尚不突出。但是如同世界上大部分国家一样，德国的区域经济发展也不平衡，随着德国能源结构的改变，为了更大范围内实现能源的优化分配利用，现有电网亟待升级。为此，2016 年德国电网运营商 TransnetBW 与 Tennet 共同为“北电南调”（SuedLink）的输电线路提出方案，通过该线路将北方风能充足电力输向工业和人口集中的南部，该项目预计于 2025 年完成。

（二）沉重的财政补贴

德国的弃核政策使得可再生能源对德国能源体系更加重要。早期德国政府为了鼓励可再生能源发展，采取了财政补贴、固定电价、强制入网等措施，确实使可再生能源迅速发展。但是，长期的高额补贴给德国财政造成了沉重的负担。为此，德国政府在 2009 年之后改变了补贴策略，可再生能源的生产出现了较大动荡。能源互联网的建设依托相对稳定的能源，因此，以可再生能源为主要目标的德国，如何制定有效的激励措施和良好的市场机制保证其在能源互联网有效运营是摆在德国政府面前的一项任务。

第二节 美国能源互联网的实践与发展

电力作为能源的载体，方便储存、运输、使用清洁，俨然成了能源界的“货币”，因此，对电力系统的管理和升级是各国新能源政策的重点和关键。美国的电力系统更是一个超级庞大的传输网络，将电能从发电端源源不断地输送至数百万电力用户，且途经上千上万公里的传输配电线路。电能几乎供应哺育着所有国民生产部门，从居民住户、商业网点到运输交通。电力系统网络已成为整个国民经济赖以构建存在的最重要基础设施（SU 等，2016）。

考虑到化石能源枯竭、环境污染和气候变暖，各国新能源政策的关键都是可再生清洁能源。美国幅员辽阔，可再生能源的开发潜力非常大，近年来，美国的可再生能源装机比例扩大，发展迅速，但美国现有电网满足不了可再生能源的并网和消纳问题。

为了适应国际形势的变化，满足新能源战略的需求，同时也是为了给疲软的美国经济注入活力，刺激经济复苏，美国从对其传统电网的改造开始，展开了能源互联网计划。

一、美国能源互联网的实践

（一）能源互联网产生的背景

美国作为世界头号强国，在发展经济方面具有其他国家无法望其项背的优厚条件——多元文化孕育的创新性民族特征、丰富的自然资源、先进的科学技术、强大的制造业和金融业等。美国的国际地位使得美国政府赋予美国经济一种使命感——新兴产业的带头人，新兴事物的探索者和标准制定者。

21 世纪以来，能源问题——能源的安全供给、化石能源燃烧造成的环境污染和全球气候变化、核能的安全隐患作为一个世界性的课题得到了各国政府的高度重视，各国都在积极探索适应本国国情的能源出路，如德国的能源转型战略、日本的智能电网计划都是开展得早并且实施很成功的案例。美国的化石能源储量丰富，对能源安全供给的问题比不上依赖进口的日、德来得迫切，但出于对占领行业制高点的需求，美国也展开了自己的新能源战略。

美国最早的能源互联网实践出现在 2007 年，受互联网的启发，美国北卡罗来纳州立大学的 Alex Q. Huang 教授提出了“能源互联网”（Energy Internet）概念，并主持开发了未来可再生电能传输及管理系统（The Future Renewable Electric Energy Delivery and Management（FREEDM）System）。美国政府从 2008 年开始资助该模型，并联合了若干著名大学和跨国企业共同研究。FREEDM 系统效仿网络技术的核心路由器，提出了能源路由器（Energy Router）的概念并且进行了原型实现，利用电力电子技术实现对变压器的控制，路由器之间利用通信技术实现对等交互（Su 等，2016）。在 FREEDM 中，电能的流动是多向的，它是一个能源互联网，每个电力用户既是能源的消费者，也是能源的供应者，且用户可以将分布式能源产生的多余电能卖回给电力公司。FREEDM 系统的理念是在电力电子、高速数字通信和分布控制技术的支撑下，建立具有智慧功能的革命性电网构架吸纳大量分布式能源。通过综合控制能源的生产、传输和消费各环节，实现能源的高效利用和对可再生能源的兼容。

1998 年，美国电力科学研究院（EPRI）开展“复杂交互式网络/系统”（CIN/SI）研究，目的是打造高可靠、自动化的美国电网，这是美国智能电网的最初原型。

2001 年，EPRI 最早提出 Intelli Grid（智能电网）的概念，从此拉开了智能电网发展的序幕。其后又发布了智能电网框架（Intelli Grid Architecture），是世界上第一个智能电网框架研究，使 EPRI 在智能电网领域迈出了坚实的一步。

2003 年，规划了“Grid2030”远景图及路线图，正式启动智能电网研究和建设。提出愿景：“该计划将是北美电网具有极富竞争力的市场地位，人们无论何时何地都可以得到充足、廉价、清洁、高效和可靠的电力供应，得到最好和最安全的电力服务”。还提出，到 2020 年，半数电力通过智能电网输送；到 2030 年，全部电力通过智能电网输送的目标。设想用 30 年时间，建设横跨北美大陆的国家超导输电骨干网，以实现美国东、西海岸间的电力交流等。

2004 年，启动了“Grid Wise”和“现代电网（MGI）”等项目，使电网现代化愿景和计划在全国达成共识。

2006 年，美国 IBM 公司提出“智能电网”解决方案。其主要解决电网安全运行的问题，提高可靠性，确认了智能电网的构成——数据采集、数据传输、信息集成、分析优化和信息展现。

2007 年，美国国会颁布了《能源独立与安全法案》，其中，第 13 号法令为智能电网法令，用法律形式确立了智能电网的国策地位。

2008 年，美国前副总统戈尔提出“统一国家智能电网”提案，指出该提案对于优化能源配置、提振经济、拉动就业的巨大效益。此后，美国启动北美同步相量计划（NASPI）期望打破州际壁垒，建立跨区域数据集成和共享机制。

2009 年，美国国会颁布了《复苏与再投资法案》，确定投资 45 亿美元用于智能电网项目资助、标准制定、人员培养、能源资源评估、需求预测与电网分析等。立法保障和政府拨款的前提下，美国智能电网项目正式大规模展开。

2011 年，奥巴马政府提出“21 世纪电网政策框架”，其目的在于建立必要的现代化电力传输基础设施，开发和部署数字信息或“智能电网”技术（于宏源，2016）。

2013 年之后，连续几年的总统预算中维持，以及稳步提升了对智能电网和可再生能源相关技术研发的战略投资。

2016 年 12 月，白宫和加拿大政府发布《美国—加拿大电网安全性与弹性联合发展战略》，承诺加强北美电网安全，美国就能源互助与电网安全和加拿大建立了密切合作关系。

2017 年，特朗普上台后，松绑了对化石能源开采的限制，削减了对可再生能源的补贴，但是智能电网作为“急需投入”的基础设施建设工程，依旧被认定为美国实现“能源独立”的重点项目，需重点扶持。

（二）美国能源互联网项目

2008 年，科罗拉多州的波尔德（Boulder）成为全美也是全球第一个智能电网城市。给每家用户安装智能电表，实施分段电价，通过及时读表、及时反馈信息，观察消费者用电行为的变化；让消费者根据实时电价自行决断家电使用情况以及电动汽车充放电（低电价储能，高电价卖出）；通过网络由电力公司远程控制用户家电使用（争议很大）。实施以后，在一定程度上起到了节约用电、错峰用电、减小用电高峰负荷的作用，为其他智能电网试点项目的开展做出示范。

2009 年的迈阿密智能能源综合项目是全美最广泛的智能电网项目，主要措施有：①智能电网自动化及信息传输。工作原理类似互联网，通过中央信息和控制系统连接智能电表、高效变压器、数字化变电所、发电厂和其他设备，实时监测用电情况，识别并自动修复电力故障、派出检修人员，提高电路安全性和用电效率。②智能电表。包括具有双向信息交流功能的读表器、一套操作管理系统和数据库，用户可以根据信息调整家庭用电习惯，节省电费。③可再生能源整合。安装太阳能发电设备，利用电池技术储存太阳能以供高峰使用。④即插式双燃料电动汽车。与电网连接，实现储电和用电的灵活把握。⑤消费者技术试用，对选样家庭进行新技术试验测试节电效果和客户满意度。该项目是对城市、居民和社区的一个未来投资，是对智能电网的适度扩展，不光在更大范围内尝试了智能电网的推广，还创造了新就业，拉动了经济增长。

2012 年，西北太平洋智能电网示范工程（PNW-SGDP）启动，包括来自爱达荷州、蒙大拿州、俄勒冈州、华盛顿和怀俄明州的 11 家电力公司和 5 家技术合作伙伴参加，将惠及 6 万用户。该项目的 5 个目标如下：①量化智能电网的成本和盈利；②促进可再生能源的整合；③验证新智能电网技术和商业模式的有效性；④向网络互用性和网络安全提出更先进的标准；⑤在分布式发电、存储和需求以及现有电网基础设施之间实现双向通信。这是美国第一个跨州合作的智能电网项目，为进一步推动州际合作、建立统一智能电网作了积极探索。

之后，除了国内的试点项目，美国凭借先进的技术和积累的丰富经验全世界范围内参与各国智能电网项目建设，日本、欧洲、东南亚、印度、中国的智能电网建设都有美国的身影。美国通过国内外智能电网的实践经验，结合自身领先的理念和技术开发制定了一系列智能电网的标准和评估体系，牢牢占领了智能电网领域的制高点。

此外，美国联邦政府对智能电网的支持，推动了智能电网市场的繁荣。截至 2016 年，在全球 150 家智能电网技术供应商中，有 116 家（77%）是美国企业，美国的智能电网产业实现了商业化模式的转变，创造了巨大的经济效益，给美国经济带来了一定的活力。

（三）美国微电网

美国电力可靠性技术解决方案协会（CERTS）于2002年首次提出微电网的概念，微电网（美国）是一种由负荷和微电源共同组成的系统，它可同时提供电能和热量，具有以下特征：①微电网内部的电源主要由电力电子器件负责能量的转换，并提供必要的控制。②微电网相对于大电网表现为单一的受控单元，并可同时满足用户对电能质量和供电安全方面的需求。③微电网：正常情况下微电网与常规配电网并网运行，称为联网模式；当检测到电网故障或电能质量不满足要求时，微电网将及时与电网断开而独立运行，称为孤岛模式。二者切换必须平滑而快速。

微电网的提出旨在实现分布式电源的灵活、高效应用，解决数量庞大、形式多样的分布式电源并网问题。微电网的运行模式如图6-1所示。

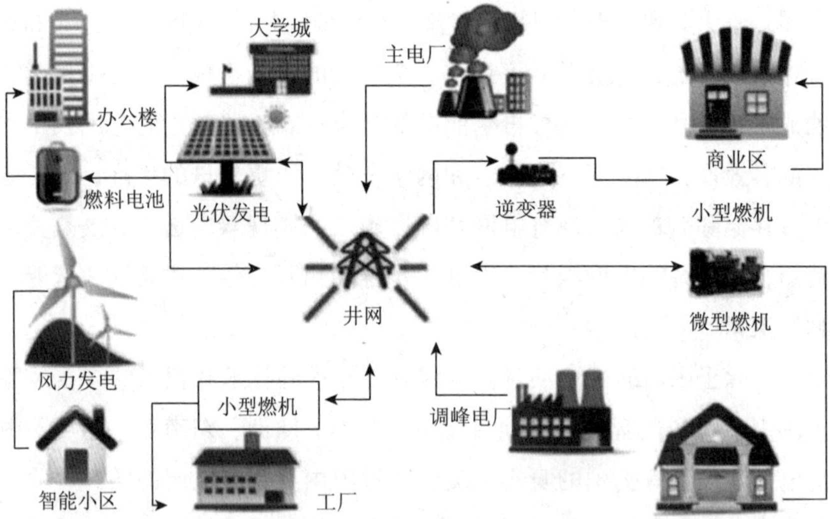

图6-1　微电网运行模式示意图

微电网的首批用户是那些短时停电都能造成巨大影响的企业和机构，如监狱、医院、数据中心、军事基地等，以及没有接入常规电网的偏远地区。

美国微电网发展迅速，到2015年，占据了市场74%的份额。目前，美国在全国范围内开展了多个微电网示范项目，不断地完善微电网功能、扩大其适用范围、实现与统一大电网的无缝衔接，从而作为大电网补充，使电力供给更安全、高效、经济。

二、美国发展能源互联网的有利因素

美国自开始电网现代化计划之后，在智能电网、能源互联网领域取得了卓然的成绩，完成了智能电网的商业化运作，成为了这项新兴产业的领导者。美国能源互联网迅速而全面发展，究其原因，归纳为以下几点：

（1）优秀的人才。美国拥有全球最多的一流大学和科研机构，吸引了来自全世界优秀的学子和科研人员前来学习和交流。浓厚的学术氛围和多元文化交流孕育出富有创造性的人才，他们对新兴事物充满兴趣、勇于提出设想并付诸实践。能源互联网作为被普遍认可的解决能源问题的方法，自然备受青睐。美国很多大学和科研机构为能源互联网的发展提供理论和技术支持，并贡献了大量的专业人才。

（2）政府支持。美国政府通过财政拨款与补贴、法律保障、政策支持、国会提案等各种方法来鼓励智能电网的建设。

（3）企业参与。美国有很多历史悠久的企业，他们有雄厚的资金、先进的研发生产技术、完善的管理体制以及敏锐的风险机遇把控力，电网现代化的风向一出，电力公司、电气公司、设备制造公司、汽车公司、通信公司、网络公司等企业都闻风而动，参与智能电网的投资、研发、建设、完善与维护，此外还有很多新兴公司产生，他们抓住机遇，开发产品与技术、占领全球市场，不仅实现自身经济效益，还推动智能电网迅速发展。

（4）商业运作。美国从一开始就特别关注智能电网的商业化模式，在美国特别关注配电网的发展与可再生能源的消纳，以及商业模式的创新和用户服务的提升（张晓燕等，2014）。美国是一个市场化、商业化高度发达的地区，在推动项目进行时都充分考虑了运作成本的问题，美国有多个智能电网项目都是自负盈亏的，比如波尔德智能电网城市及南加州爱迪生智能电网示范工程（Irvine Smart Grid Demonstration）。这些商业化的运作模式可以使智能电网的发展从最初便具有更强的市场竞争力和创新性。

三、美国发展能源互联网存在的问题

美国电网建设时间较早，在20世纪中期已基本成型。随着时间推移，由于对原有电网的建设和改造不足，美国电网设备老化、技术陈旧问题突出。陈旧电网面临保障供电可靠性的巨大挑战，恶劣的天气和自然灾害时常给美国电力供应带来严重影响，据统计，全球自1990年以来发生23次重大停电事故，美国就有5次，是发生次数最多的国家。2012年的飓风“桑迪”甚至造成了740万户居民大停电。美国电网建设改造投资不足，一方面由于跨州输电项目建设审批程序复杂、时间长、获批难；另一方面输电项目投资回报低、建设周期长，相比其他领域缺乏投资吸引力，影响了输电项目建设资金的筹集。

此外，美国电网共有520家电网公司，设立了127个分区控制中心。美国是一个松散的联邦组织，各州由于经济政治原因，对电网的管理机制和规范标准存在较大差异，对电网的统一规划、建设和管理很难协调，这种分散的电网管理体制极大地限制了美国电网的现代化进程。

第三节　日本能源互联网的实践与发展

一、日本能源互联网的实践

（一）日本能源互联网产生的背景

二战以来，出于发展经济的需求，日本消耗了大量的能源，这些能源绝大多数都依赖进口。20世纪50年代，日本的能源结构是以煤炭为主，石油为辅；20世纪60年代，调整为以石油为主；20世纪70年代，第一次石油危机爆发。为了应对能源危机，日本调整了经济增长战略——由优先发展资源密集型产业向发展技术和劳动密集型产业转变，将节约能源列为国策，重视解决污染问题，大力开发新能源，将能源结构调整为多元化、更安全的以石油、煤、核能、天然气为主，太阳能、地热、风能、生物能等可再生能源为辅的体系；自2005年签订《京都协议书》后，日本进一步加强节能和新能源的开发利用（朱凯，2011）；2011年福岛核电站事故后，核电安全问题引起了政府和民众的反思，曾占日本发电量30%的核电一度进入“零核电”。

日本的能源计划可以归结为四点，即3E+S。3E：能源稳定供给（Energy Security）、经济效益（Economic Efficiency）、环境协调（Environmental），S即安全（Safety）。也就是说，以能源的安全性为前提，把能源的稳定供给放在第一位，提高经济效益，实现低成本的能源供给，同时实现与环境的协调发展（李秉芮，2016）。为达到能源计划目标，日本也在积极运用新技术探索新的能源管理模式。

（二）日本的能源互联网发展实践

全球范围内的能源对策总结起来无非“开源”与“节流”，具体到日本，因为其对进口化石能源依赖程度高、核电的潜在不安全性、可再生能源开发潜力有限且成本高，日本的能源互联网建设除了重视供给侧即电网对多元化能源发电的兼容和电力的优化分配外，更重视需求侧即用户对电力的合理利用。

1. 处于能源供给侧的智能电网

（1）智能电网的产生。在日本并没有“能源互联网”这个概念，人们将这种网络信息技术与电网融合而产生的新生事物叫“智能电网”，也叫“数字电网”或者“电力路由器”。

2011年之前，日本拥有稳定的电网，且核电发展迅速，日本对于新能源的开发利用及运用互联网技术构建智能化电网并不热衷。福岛事件之后，日本的能源安全和能源效率备受质疑，基于此，以大力发展可再生能源和推动电力体制改革为契机和动力，智能电网成为突破点。

2011年6月，日本提出了“日本版智能电网”体系化理念，明确了日本智能电网发展的战略目标和重点任务，形成了包含国家、区域和城镇（家庭）三个层面的体系架构。在国家层面上，推动可再生能源发电并网，强调构建能抵御风险的输配电网络，实现控制系统从集中式向分布式转变，加强国际合作，保障能源供应区域层面上，完善能源管理系统，打破区域垄断，维持区域电力供需平衡。在城镇（家庭）层面上，发展“智能社区”等信息智能化项目，拓展电力智能化服务（陈志恒，2013）。

2011 年 12 月，日本经济产业省（METI）提出日本新一轮电力改革的基本思路，其中之一提出要构建需求侧参与管理的下一代智能电力系统。

2013 年 4 月，日本内阁通过新一轮电力改革方案，将发展智能电网作为日本电力体制改革的重点和支撑。

（2）智能电网的目标及举措。日本数字电网的目标包含以下内容：①进一步引入可再生能源；②智能化，充分利用信息和通信技术；③及时、灵活地反映用户需求；④部署新能源服务；⑤高效稳定的运行；⑥在技术层面上具国际竞争力。

为了实现数字电网的建设目标，日本采取了一系列措施：

①储能技术是突破可再生能源开发利用瓶颈的关键，智能电网需要储能装置来平抑可再生能源发电的波动性，做到稳定、连续供电。福岛事件后，日本颁布了《电气修改法》，将储能技术开发作为下一步电力系统改革的重要组成部分。日本单门独户建筑较多，因此，以家庭为单位的太阳能是新能源的重要形式，蓄电池储能发展较好。因此，日本开展了许多实证项目，进行降低电池成本和提高电池使用寿命的可行性研究并取得了一定的成果。储能成本的降低，可以降低可再生能源发电的成本，促进可再生能源电力并网。

②日本的数字电网将电力系统、信息系统和结算系统统一实现数字化管理，其工作原理是构建多个包括发电设备、用电方及存储设备在内的单元，利用带 IP 地址的数字电网路由器（DGR），将这些单元灵活结合在一起。DGR 可使模拟电力实现数字化，切断发电设备和用电设备的电力联系，将其从各种电力制约中解放出来。并且，通过统一数字化，是电力系统和控制信息系统实现虚拟一体化，并与结算系统一体化（北极星）。

③智能电表是智能电网的关键技术，可以根据家庭、企业的电力使用情况实现最优化的电力供应，在日本主要采取无线方式传送信号。鉴于可能出现的信号错误和干扰现象，日本不断完善智能电表。OKI 公司开发的智能电表传输系统，当信息遇到电表故障，可以自动寻找迂回线路；富士通研究所

开发的传输系统可自动调节电波强度，防止干扰，可使信息遗失率从10%降至1%；东芝公司开发了信号传输密码，可减少数据计算量至1/60。智能电表功能的不断完善使其在采集信息、掌握用户需求方面更加可靠。

日本的老电网设施与欧美国家相比，现代化水平较高，具有高可靠性和高能源利用率的特点，因此，日本在发展智能电网的过程中，将技术重点放在分布式能源接入方面，尤其是太阳能和风力发电的并网和调配上。在智能电网建设中对新能源电力的侧重，有助于日本进行能源战略部署。

④电网的高效稳定运行是世界性问题，保证电力的安全稳定供应、实现从发电到用电的资源优化配置、减少电力输送过程中的能量损耗是各国建设新电网的动力和目标。在信息层面上，日本引入“电力路由器”概念来进行全网电力调度，优化资源分配。在物理层面上，2013年，日本NTT设施公司进行了一项名为“为实现电源独立及分布型能源社会”而开发直流式的区间能源相互调度系统，力争使用直流电进行送配电。

为了巩固在技术领域的领先优势和进一步提升国际市场竞争力，日本智能电网发展在具体操作层面上十分重视采用商业运作模式将其先进技术进行应用和推广（陈志恒，2013），以广泛的用户需求和前沿的商业价值为导向，面向全球市场定位和发展，广泛开展技术应用和示范工程建设。日本拥有先进的生态系统技术，包括可再生能源技术在内，如太阳能发电、风力发电、电动汽车、低能耗节能家电、存储解决方案和配电自动化系统，在此基础上，日本进行的技术投资看重的是未来的商业价值和投资回报，这种前瞻性的投入可以让日本智能电网在技术层面有一定优势，具备很强的国际竞争力。

（3）智能电网的推进。日本数字电网的技术研发和示范项目的推进工作是由经济产业省牵头，产官学结合——政府与企业、科研机构等联合组织开展的。日本政府起政策监管以及营造良好商业环境的作用，主要实施者是日本智能社区联盟（JSCA）。其组织成员涵盖了日本信息和通信、汽车、电气机械、建筑和贸易等各相关行业的企业、组织、公共部门及研究机构，下设国际战略、国际标准化、发展路线、智能家居四个工作组，开展智能电网研究和技术提携。

经济产业省根据日本企业在智能电网的技术优势，选出了7个领域26项重要技术项目作为发展重点，分别为输电领域的输电系统广域监视控制系统（WASA）、配电领域的配电智能化、储能领域的系统用蓄电池的最优控制、电动汽车领域的快速充电和信息管理以及智能电表领域的广域通讯等（郑嘉宝，2016）。数字电网的示范项目——“智能城市（Smart City）”和“智能社区（Smart Community）”。按照2010—2014年的五年计划，日本在4个示范区内对智能电网及智能城市的相关技术、结构、商业模式等进行实证检验，具体包括能源使用的可视化、家电及热水器控制、供应方根据能源需求状况促使消费者进行消费调整的需求响应、电动汽车（EV）与家庭的结合、蓄电系统的优化设计、EV充电系统，以及交通系统等。通过这些技术和系统的集成，构建区域能源管理系统（CEMS），以实现区域内能源的整体优化使用（陈志恒，2013）。

日本非常重视智能电网国际标准的开发。尽管日本的电网技术尤其是蓄电池技术处世界领先水平，但国际标准的制定权还主要把控在美国人手中。为此，日本的智能电网计划高度重视加强国际合作，特别是对美合作，借此推动国际标准的开发和制定。2009年，日本宣布参与美国的新墨西哥政府智能电网实验计划（New Mexico Green Grid Initiative），最终，包含日立、富士通、三菱电机、夏普、松下等多家日本公司参与了这个国际电网示范项目，其目的在于研究和测试应用太阳能技术满足住宅的电力需求，同时也希望借助项目合作降低对其开发国际标准的阻力。2012年3月，日本智能社区联盟（JSCA）与美国智能电网互操作工作组（SGIP）签署合作意向书，同意日美在智能电网国际标准化制定方面开展合作。

2. 面向需求侧的能源管理系统

（1）家庭智能管理系统HEMS。HEMS（Home Energy Management System）是日本NEC公司利用云计算开发的一种面向家庭作坊、小型作坊等小型企业的家庭型能源管理系统，2012年8月开始在日本推广使用。家庭能源管理系统（HEMS）会在家庭中安放一个“智能阅读器”，它可以显示能源消耗量，所以居民能更清晰地意识到他们为节能做出了多少贡献，从而培养起他们的环境友好型生活方式。他们还可以让家里的不同设备，例如电视、冰箱、烤箱、吹风机、照明设备等彼此互通并提供实时数据。这些信息可以在平板电脑、电脑、智能手机及其他设备上显示。客户还可以控制空调等设备的照明或设置，即使是不在家的时候。家庭能源管理系统的另一用途是，通过需求响应函数来加强灾害管理，这要求居民在发生紧急情况时减少能源需求。

（2）楼宇智能管理系统 BEMS。BEMS（Building Energy Management System）——楼宇型能源管理系统，面向的是诸如办公建筑、大型公共建筑、工厂等高耗能单位。BEMS 可以通过对建筑物整体的能耗设备进行统合监控、自动控制，进行最优化管理，实现高效节能化。它是一种通过网络实现对空调、电力、照明等设备的一元化管理，以智能建筑（Smart Building）为核心的节能技术。

（3）地区能源管理系统 AEMS。地区能源管理系统（AEMS）允许公共事业公司在全市范围内控制并管理供应及需求，简单说来，就是整合区域内的 HEMS 和 BEMS，在更大的范围内实现电力的优化调度和使用。如图 6-2 所示，以 2011 年的柏之叶智慧城计划为例，看一下 AEMS、BEMS、HEMS 之间的运作。

2014 年 7 月，柏之叶建成了可在不同街区间实现电力融通的智能电网。利用街区自设的送电线，输送太阳能发电及蓄电池等分散式电能，实现跨越道路的街区间的相互电力融通，这是日本的第一个案例。运行模式主要是分别在「LaLaport 柏之叶」与写字楼 GATE 广场设置太阳能电池板与大规模蓄电池。工作日由于办公楼用电较多，由「LaLaport 柏之叶」向 GATE 广场输送储存的电力。而到了商业设施用电较多的节假日时，则由 GATE 广场向「LaLaport 柏之叶」供电。通过将多余电力融通到缺少电力的地方，通过计算，街区整体的用电峰值预计可降低 20%以上，两个设施合计电费也将大幅削减。AEMS 示意图如图 6-2 所示。智能电网是平台和中心，能源互联网的终端——用户的能源智能化靠家庭能源管理系统（HEMS）和楼宇能源管理系统（BEMS）来实现。

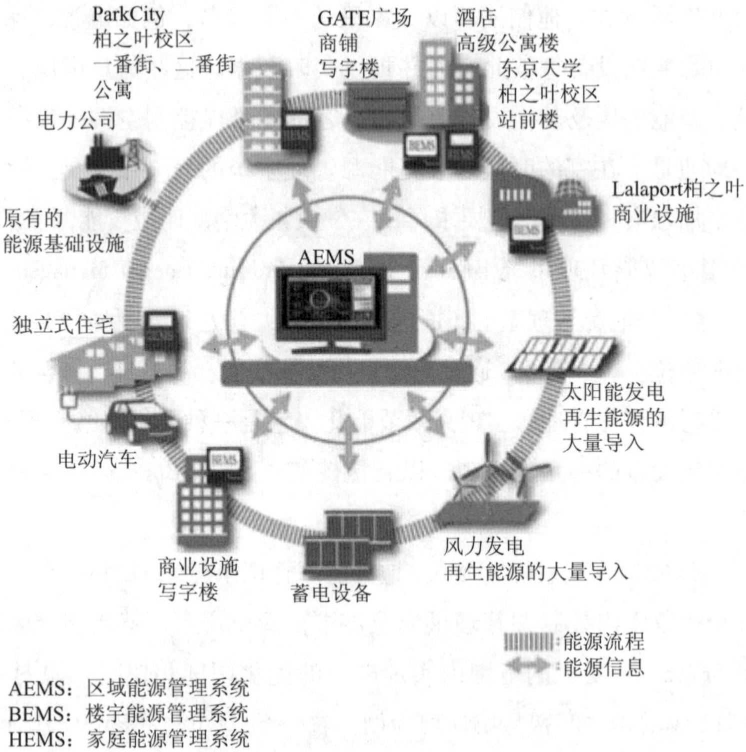

图 6-2　AEMS 示意图

尽管日本并没有“能源互联网”的概念，但是日本在过去几年迅速升级了原本就稳定、坚强的电网，使其在数字化、信息化的加持下具有了更多元化的电力来源、更强的稳定性和抗风险性、更优化的电力储存和调配功能、更好的服务性，从传统电网实现了向智能电网的转变。智能电网作为能源互联网的核心和基础，是能源互联网的基础支撑平台和资源配置中心，它的成熟和完善对能源互联网的发展至关重要。在日本，智能电网的建设项目推进是迅速而先进的，从 2011 年至今已取得巨大成就，而且在物理设备、信息技术和制定国际标准等方面都走在了世界前列。对智能电网的成功探索有利于未来能源互联网计划的开展。

二、日本发展能源互联网的有利因素

（一）日本人的忧患意识

资源能源都极度匮乏的日本能成为如今经济发达、技术先进的强国，危机和忧患意识的鞭策是日本不断改革进取的动力。怕有生存危机，怕落后就要挨打，这种忧患意识激励日本人抓住一切可能的机会壮大自己而立于不败之地。

能源是经济发展的动力和基础，本身能源资源不足的日本在忧患意识的激励下更是要想方设法将新能源开发、提高能效、节能发挥到极致。而这种内在的需求推动了日本的新能源变革——能源互联网的建设。

（二）日本人协作和实践改良精神

日本的智能电网计划是官（政府）产（企业）学（研究机构）共同推进的，他们在计划推进的过程中起到了不同的作用——“官”为政策监管和提供运营环境；“产”将技术固化为产品；“学”主要表现在进行技术探索，提供技术支持。负责推进智能电网计划的JSCA，到2013年成员已经超过了400名，表明日本对于新项目的参与协作很积极。

日本曾经也是一个“拿来主义”的国家，且其注重实用，在应用的过程中，发现“拿来”东西的缺点，加上自己的应用体验“扬长避短”加以改进。智能电网建设过程中对智能电表和蓄电池的改良都体现了日本人宝贵的实践改良精神。

（三）日本先进的制造业

日本对制造业的进步孜孜以求，而今传统制造业与信息技术相结合的智能制造业以及工业互联升级是大势所趋。为了构建一个让企业集体受益的智能系统，探讨企业的相互连接问题，日本启动了工业价值链计划IVI（Industrial Value Chain Initiative），并在之后发布了IVI参考架构（Reference Architecture）——工业价值链参考架构IVRA。IVRA使日本的制造业有了先进的数字化发展框架，智能制造和互联网概念深入人心，使未来能源互联网的发展有了良好的基础。日本与德国工业4.0和美国工业互联网联盟IIC公布的参考架构实现对标。德国、美国、日本三国相继发布制造业升级的数字化顶层框架，标志着在智能制造和工业互联网领域，三个制造业强国形成数字握手机制。

三、日本发展能源互联网存在的问题

日本的电网相对欧美国家而言相对先进，但是日本发展能源互联网也具有一定的局限性。主要表现如下。

（一）发展核电的阴影难以短期内消除

2011年福岛核电站事故后，核电安全问题引起了政府和民众的反思，曾占日本发电量30%的核电一度进入“零核电”，完全打乱了日本能源战略部署（从二战开始，日本就积极探索研究原子能，20世纪60年代，日本确立了发展核能的长期战略；而在福岛事件之前，日本东部电力在《经营展望2030》中提到，将增加核能发电等作为支柱，特别将提高核能发电比率到50%～60%）。大地震造成的核事故暴露了日本能源供应系统的单一、脆弱和核可靠性低的缺陷，为了满足国内需求，日本将能源重心迅速从核能调整到可再生能源，加快布局并想方设法向全国普及（县祥，2016）。2012年7月，日本开始实施可再生能源固定价格收购制度（Feed-In Tariff，FIT），以促进可再生能源的推广，也标志着日本开始真正发展其相对滞后的可再生能源。2014年，日本内阁审核通过了第四次《能源基本计划》，该计划重新评定和定位了核电和燃煤发电在日本能源结构中的作用，认为其均是“重要的基本负荷电源”，同时认为可再生能源将在长期范围内逐步取代其他能源，日本甚至设立了在2030年将可再生能源发电占发电量的22%～24%的目标。

（二）新能源发展政策有待改善

除了化石能源的匮乏、核能潜在的不安全性，日本的可再生能源发展也面临着巨大挑战。首先，日本国土面积小、地形复杂、人口稠密、海洋性气候并不适合大规模可再生能源（风能、太阳能）电厂的建设；其次，日本政府对于可再生能源的发展态度并不坚决，比火电高的价格使得日本政府内部对于可再生能源电力莫衷一是；再次，可再生能源发电因价格高还面临并网困难；最后，实施可再生能源固定电价收购制度（FIT）虽刺激了可再生能源的发展，但高昂的收购价格和用电价格导致企业和民众用电费用激增，普通百姓并没有成为这项新制度的受益者，民怨沸腾（县祥，2016）。

第四节　中国能源互联网的实践与发展

中国区域发展不均衡、能源供需矛盾加大、能源结构亟需调整等国内外因素的影响下，发展能源互联网具有重要的作用和意义。

2014 年，国家电网公司董事长刘振亚提出全球能源观的思想。他于 2015 年出版的新作《全球能源互联网》中提倡的全球能源互联网概念：在全球能源互联共享的战略构想下，以泛在智能电网为基础，通过“两个替代”，即能源开发利用上的清洁能源替代，能源消费上的电能替代，实现世界能源的优化配置和消费。

全球能源互联网是以特高压电网为骨干网架、全球互联的坚强智能电网，是清洁能源在全球范围大规模开发、配置、利用的基础平台，实质就是“特高压电网+智能电网+清洁能源”。智能电网是基础，特高压电网是关键，清洁能源是根本。构建全球能源互联网，将促进清洁能源大规模开发利用和大范围协调互济，推动能源革命和可持续发展，从根本上解决制约。人类社会发展的能源安全、环境污染和温室气体排放问题。智能电网是基础，智能电网的灵活性和适应性，能够满足清洁能源和分布式电源接入、智能设备“即插即用”等需求；特高压电网是关键，特高压电网是构建全球能源互联网的骨干网架；清洁能源是根本，北极风电、赤道太阳能发电（“一极一道”）和各洲各国集中式和分布式清洁发电是未来主导能源。

全球能源观是关于全球能源可持续发展的基本观点和理论，其核心内容是从全球性、历史性、差异性、开放性的观点和立场研究和解决能源问题。全球能源观的战略重点就是要加快构建全球能源互联网，统筹全球能源资源开发、配置和利用，保障世界能源安全、清洁、高效、可持续供应，实现能源与经济、社会、环境的协调发展。

中国能源网首席信息官韩晓平在“2015 中国分布式能源国际论坛”上指出：未来随着“互联网+”热潮的带动，分布式能源将会迎来跨越式的大发展（崔彩凤，2015）。

为推进分布式能源的发展，政府在政策方面给予了极大帮助。2015 年 3 月，国务院印发了《关于进一步深化电力体制改革的若干意见》，明确指出要全面开放用户侧分布式电源，支持企业、机构和家庭投资建设太阳能、风能等各类分布式能源，鼓励专业化能源公司，以合同能源管理模式建设分布式电源。2015 年 7 月，国务院提出的“互联网+智慧能源”的能源互联网发展路线图，更为分布式能源带来新的巨大的发展动力。

国务院发布的《关于积极推进“互联网+”行动的指导意见》，明确提出了“互联网+智慧能源”的发展路线图，即要通过互联网促进能源系统扁平化，推进能源生产与消费模式革命，提高能源利用效率，推动节能减排。加强分布式能源网络建设，提高可再生能源占比，促进能源利用结构优化

习近平总书记和李克强总理分别主持召开中央财经领导小组第六次会议和新一届国家能源委员会首次会议，提出了“推进能源消费、供给、技术、体制革命和全方位加强能源国际合作”的能源工作总要求，明确了“节约、清洁、安全”的能源战略方针，为当前及今后一个时期中国能源工作指明了方向。

2017 年，开始按照《关于推进“互联网+”智慧能源发展的指导意见》（发改能源［2016］392 号）、《国家能源局关于组织实施“互联网+”智慧能源（能源互联网）示范项目的通知》（国能科技［2016］200 号）等文件相关要求，国家能源局组织开展了“互联网+”智慧能源（能源互联网）示范项目申报、审核认定工作。

构建以智能电网（分布式能源）为基础的能源互联网不仅能够有效地解决可再生能源的汇集、传输和消费问题，而且可以推动能源开发方式、能源消费方式、生产生活方式的改变，为新工业革命开辟更广阔的空间。

一、能源互联网与“全民光伏战略”

随着光伏市场不断成熟，越来越多的商业模式也开始涌现。日前，深圳市普乐士网络科技有限公司正式发布首个光伏资源交易撮合平台——全民光伏 PV Plus（以下简称“全民光伏”）互联网平台公测版，拟打造光伏行业的 Uber。中国政府在近年内也出台了一些关于发展新能源的政策，其中，以最近出台的《关于实施金太阳示范工程的通知》最为引人注目。该通知重点支持用户侧并网光伏发电、独立光伏发电、大型并网光伏发电等示范项目建设，以及硅材料提纯、并网运行等光伏发电关键技术产业化和相关基础能力建设，并根据技术先进程度、市场发展状况等确定各类示范项目的单位投资补助上限。对并网光伏发电项目，原则上按光伏发电系统及其配套输配电工程总投资的 50%给予补助，其中，偏远无电地区的独立光伏发电系统按总投资的 70%给予补助。对于光伏发电关键技术产业化和基础能力建设项目，主要通过贴息和补助的方式给予支持。

这一政策的出台，推动中国从光伏电池的代工工厂逐渐成为太阳能光伏发电强国。2015 年上半年，全国新增光伏发电装机容量 773 万千瓦，全国光伏发电装机容量达到 3578 万千瓦。

2015 年 9 月 7 日，江苏省首个供电所光伏发电项目在南京市浦口区正式并网运行，农村居民也用上了“绿色电”。接下来光伏发电项目将在农村变电所推广。

2015 年 11 月，安徽省来安县全面启动乡村光伏发电项目，11 个美好乡村“空壳村”装机容量为 60KW 以上的光伏电站进入招标程序。据初步估算，并网发电后各村每年能提供 72000KWh 清洁电能，村级集体经济能增收 5 万元以上。

在今后的十几年中，中国光伏发电的市场将会由独立发电系统转向并网发电系统，包括沙漠电站和城市屋顶发电系统。中国太阳能光伏发电发展潜力巨大，配合积极稳定的政策扶持，到 2030 年，光伏装机容量将达 1 亿千瓦，年发电量可达 1300 亿千瓦时，相当于少建 30 多个大型煤电厂。据估算

2035 年，中国太阳能年发电量约为 1.65 万亿千瓦时，约占全国电力总需求的 16.5%，相当于每年减少 14.2 亿吨二氧化碳排放量。

光伏成本的逐渐下降：根据光伏国家路线图，预测光伏发电成本将随太阳能电池出货量而下降，即出货量每增加一倍，太阳能系统的成本就下降 21.5%。当前中国的光伏组件价格已经下降至 3.8~4 元/WP（1MW 以上大型项目），光伏发电的度电成本已经下降至约 0.7~0.8 元每千瓦时。这个成本在东部省份已经与一般商业电价持平，在某些特定场景下，即使不依靠财政补贴，光伏电站项目也已经开始盈利。

而据 ITRPV 的预测，2024 年光伏组件价格将降至 2.4 元/WP，则光伏发电度电成本约为 0.4 元每千瓦时。这意味着，到 2024 年左右，新建光伏电站的光伏成本已经与煤电标杆上网电价持平，此时光伏应用已经进入高速发展阶段，光伏发电开始大规模替代传统电力能源。

二、能源互联网与分布式储能

传统的能源体系是产供销这样一个循环过程，而“互联网+能源”是利用“互联网+思维”，体现分享的精神，从客户端出发，客户既是能源的使用者，又是能源的生产者，通过能源物流体系和交易系统完成新的产供销交叉式循环。用“互联网+信息技术”来优化能源物流体系，能源有专门的物流体系，比如电网、油气管网、热网等，通过信息技术优化它的流通路径，让它在最短时间内，或者最短的路径内，完成产供销。

“互联网+技术”支撑的能源网络将使分布式能源形成一个整体，以智能化的能源生产和消费装备为基础，通过“互联网+技术”的互联互通功能来实现各种形式能源的互调、互备。具有如下四个特点，一是以客户为主体和出发点，大家相互互动，高效平衡；二是能源的清洁高效，可以很好地配合可再生能源和新能源的发展，特别是新能源的开发；三是能源的多边交易，每一个主体都可以参与能源的买和卖；四是各种能源的互联互通，以主网输配为主，优先使用可再生能源，如果出现不足再用气体能源或储能来补充。

“分布式能源互联网”是未来能源发展的方向，环境污染、气候变化、石油危机正威胁着人类的生存发展。历史上数次重大的经济革命都是在新的通信技术和新的能源系统结合之际发生的。杰里米·里夫金认为，互联网技术和可再生能源的结合将催生分布式能源互联网。分布式能源的绿色清洁性质符合人类的低碳发展要求，互联网技术则可以实现分布式能源的共享，两者的结合将从根本上改变人类的能源利用方式。人们可以足不出户地生产和分享可再生能源，分布在世界各地的可再生能源将通过互联网络收集和分配，实现区域乃至全球范围内能源的动态消费。分布式能源与智能电网的关系如图 6-3 所示。

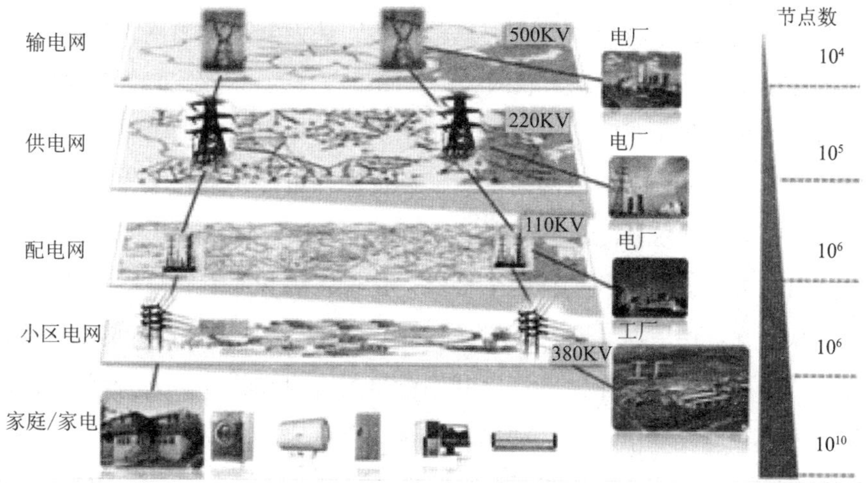

图 6-3　分布式能源与智能电网的关系

在当今信息时代，信息资源成为生产资料，互联网思维渗透到经济发展的各个角落，基于可再生能源的分布式能源生产，成为能源互联网发展的核心问题。能源互联网就是将本地化能量的供给以及能源的互联互通。以风能、太阳能、潮汐能等可再生资源为代表的分布式产生的能源具有先天的不确定性、随机性。这种特点将严重影响能源供给与共享的安全性、稳定性和实用性。而能源互联网能够实现能源互联共享，通过用户侧驱动能源的需求，而这种需求也具有时空随机性，因此，分布式能源与能源互联网之间的需要分布式储能系统来解决上述问题，即以分布式储能平滑能量源的不确定性，并为能量的时空转移和能量流的有序流动提供基础。

三、能源互联网与电动汽车发展

2012年，国务院通过的《节能与新能源汽车产业发展规划（2012—2020年）》提出，到2020年，中国纯电动汽车和插电式混合动力汽车生产能力达200万辆、累计产销量超过500万辆。电动汽车是杰里米·里夫所构想的能源互联网的五大支柱之一。未来电动汽车的普及将会大力推动能源互联网的发展，掀起能源领域的巨大变革。

能源与信息的深度融合是能源互联网的核心特征，受计量需求驱动，电动汽车及其充电设施将建立完善的通信网络，从而实现能源网、物联网和互联网的深度融合，构筑能源互联网的坚实基础。作为一种分布式的储能资源，电动汽车将成为能源互联网中的重要产销者，大规模的电动汽车在消耗大量电能的时候，也将为智能电网的发展提供灵活性资源，增强电力系统运营稳定性，提高电力系统新能源消纳能力，促进电力系统低碳化。

在特性方面，电动汽车有两个特性：负荷特性和储能特性。这两者可以灵活转换。在应用层面，一方面是需求响应资源。可以作为需求侧响应资源，基于大数据技术整合，充换电信息利用电价引导电动汽车，充分优化充放电时序，实现智能充放电，可推动电动汽车参与未来的需求响应市场。另一方面是移动式、分布式储能。在一天较长的时间内可以作为负荷侧的储能设备，其电能响应设备优于其他储能设备，可以推动信息物理融合，可以加大电网与交通网的互联，可以促进清洁能源消纳，引导技术创新体系，引导商业金融模式。

要实现电动汽车与能源互联网的紧密结合，需要具有完善的基础设施和发达的信息技术平台，具体包括以下关键技术。

（一）基础设施

完善的基础设施建设是电动汽车融入能源互联网的基础。目前，国内外生产销售的电动汽车充电设备绝不大部分都不具备有序充电控制，以及向电网放电的功能，因此，不能满足电动汽车与能源互联网的有效结合。在电动汽车发展初期，就要加快基础设施假设，为未来电动汽车与能源互联网的融合提供前提基础。

（1）智能充电（放电）桩。在居民小区、工作场所和工商业停车场等地放设置智能充（放）电桩是未来补充电动汽车电能，以及实现电能商业化的基础前提。在充分并且便捷的充电设施方面，电动汽车可以实现错峰充电放电，并在高峰时期将多余的电量向电网销售，在低峰时期及时补充电量。电动汽车实际充当了电网中的智能储电设施。

（2）柔性充换电站。对公交车、出租车等具有换电条件的电动汽车，可以使用换点站补充电能。电动汽车到达换电站后可以直接将车载电池更换为已经充满电的电池，而已经使用的电池留在充电站集中充电。由于实现了车电分离，换电站内的电池充电需求并不受电动汽车使用需求的约束，可以在充电站内实现智能充电，甚至向电网放电。

（3）无线充电设施。无线充电站利用电磁感应技术实现以无线方式对电动汽车进行能量补给，无线充电的设备埋在底下，节能充电用地。安装无线充电设备，电动公交车在停车时实现无线充电，解决集中充电站用地难问题，提高电动公交车的利用效率。

（二）通信系统和数据平台

电动汽车与能源互联网的结合离不开完善的通信系统和数据平台，解决电动汽车及其充电设施网络与智能电网、新能源发电、智能交通网的信息与能量的无障碍流通。

要建立完善的电动汽车及其充电设施的信息建模与标识技术，形成相关的标准，对打通整个产业链的信息流动打下坚实的基础，电动汽车的融入能源互联网的互动信息涉及基础设施运营商、电网运营商、交通网、用户等多方信息，一方面需要先进的信息安全技术，保证通信数据系统的安全运行、安全支付、安全结算。另一方面，数据的开放方案要解决数据的归属、隐私、使用和安全等方面的关系。

（三）智能调控技术

电动汽车与能源互联网的结合需要智能调控系统对相关设施进行智能化

设计。首先，在电动汽车的储能是否向电网输送的决策系统中，需要智能终端向用户提供交通路况、电网情况、电动车电能情况的综合分析，使用户能够根据影响因素进行智能决策。这样可以优化电动车的合理、有序选择充电放电设施以及何时向电网输送电量。另外，在电动汽车接入电网后，满足电动汽车出行需求的情况下，对电动汽车实现智能充放电控制。将大规模的电动汽车出群体分解为多个较小的电动汽车群体，各个小群体由集中商/子控制中心进行控制，实现小群体电动汽车的有序放电或者充电。通过分层控制，将大规模电动汽车互动控制问题转化为规模较小的电动汽车互动控制问题，以及多个集中商/子控制中心之间的协调化问题，降低了优化问题的规模和求解难度，实现大规模电动汽车的智能充放电调控。

有了这三个层面的能源互联并配合以合适的管理体制和价格调节机制，电动汽车技术、产品、业态和模式创新也就很容易实现了，结合互联网技术、大数据和无线、无人等智能技术，互联网+背景下的电动汽车技术、产品、业态和模式必将丰富多彩（综合，2015）。

第七章　河南省能源互联网发展的体制机制保障

能源互联网是互联网技术与能源系统的深度融合，是以智能电网为载体，以新一代信息通信架构为支撑，具有网架坚强、广泛互联、高度智能、开放互动的特征，融合了电网、云计算、物联网、大数据和电子商务等先进技术，构成的智能先进、功能多样、包容开放的社会公共服务平台（杜敏，2016）。能源互联网是推动我国能源革命的重要战略，是未来我国能源工作的重点。目前，我国对于能源互联网的研究还大多停留在能源互联网的概念、理念、目标、核心技术等方面。作为新兴事物，能源互联网必将带来市场环境、组织方式等方面的多重变革，因此，有必要对支撑河南省能源互联网发展的市场机制、组织机制和政策保障等体制机制进行研究，以促进河南省能源互联网快速、稳健发展。

第一节　支撑河南省能源互联网发展的市场机制

能源互联网是能源和互联网的结合，但网络只是起到一个平台作用，商业机制才是互联网成功的关键。现代管理学之父彼得·德鲁克曾说过："当今企业之间的竞争，不是产品之间的竞争，而是商业模式之间的竞争"。能源互联网代表着一种新的经济形态，将充分发挥互联网在能源生产要素配置中的优化和集成作用，将互联网的创新成果深度融合于能源系统中去，提升传统能源行业的创新力和生产力。合理的市场机制直接关系到用户参与能源建设的积极性，对于能源互联网的发展至关重要。2015 年，中共中央、国务院发布了《关于进一步深化电力体制改革的若干意见》（中发［2015］9 号），标志着在用户侧引入竞争、进行市场化管理的发展趋势，对于能源互联网的发展具有重要意义（姚建国等，2015）。能源互联网将对传统的电力系统和能源系统带来变革和变化，这种变革和变化必将培育未来能源互联网商业模式“百花齐放”的局面，而对这些商业模式需要进行分类、归纳、提取，从而寻找适合河南省能源互联网发展的商业模式，构建支撑河南省能源互联网发展的市场机制。

一、能源互联网带来的变革与变化

商业模式是指为了实现客户价值最大化，把能使企业运行的内外各要素整合起来，形成一个完整的高效率的具有独特核心竞争力的运行系统，并通过提供产品和服务实现持续盈利的整体解决方案。任何一种商业模式的建立都将受到环境、技术、政策、机制、资本等因素的制约，同时也将得益于环境、技术、政策、机制等方面的变革与变化。能源互联网商业模式的构建同样得益于这一新兴业态带来的变革和变化。

（一）能源互联网带来市场环境的变化

市场环境是市场商业主体运行的大环境，良好的市场环境，即市场对所有符合资质的商业主体进行开放、为商业主体提供宽松自由的发展环境、保障商业主体有序竞争等，才能够更好地激发各个市场主体的积极性，保障市场高效运转，市场商业主体长远、健康发展。反之，不良的市场环境，比如商业壁垒、恶性竞争等短视行为，则会导致商业主体丧失长期效益（张世尧，2016）。

近年来，我国在电力、油气等能源领域的改革已经初见成效，将培育出更多的市场主体，使原有的能源市场变得更加活跃，这也成为能源互联网构建的最大原动力。能源改革涉及到能源领域的各个环节，能源领域的全面改革和自由、平等的市场环境相互促进、相辅相成。尤其是 2015 年《关于进一步深化电力体制改革的若干意见》发布后，能源体制变革将在一定程度上促进市场的进一步透明化、自由化。在充分竞争的能源市场中，各商业主体需要自觉地提高自身竞争力：能源生产商需要更高效、更低成本的生产优质能源；能源传输商需要理性评估能源传输系统的规划方案，实现资产的高效利用；能源零售商需要以用户为中心提供个性化的用能服务。

（二）能源互联网带来组织方式的变革

组织是依据一定的宗旨和目标建立起来的集合，组织方式反映出了系统内部分工协作与外部社会经济联系的方式。能源互联网带来了组织方式的变革主要体现在以下两个方面：一是打破了以前电、气、热等各种形式能源系统在规划、运行等方面相互独立、各自为政、缺乏能源系统综合管理的问题，开始出现多种能源形式的综合管理，将电、热、气等不同形式的能源统一协调管理，以求实现协同效益，实现高效、便捷化的管理和服务；二是开始突破和打通以前在能源生产、运输、存储和消费等各个环节存在的壁垒，实现能源生产、运输、存储和消费等环节的互联互通，从而在一定程度上激发了新的能源运营方式，实现能源在各个流通环节的自由组合运营。能源互联网带来的这两方面的突破将打破现有能源体系的条条框框，实现能源系统固有组织方式的变革。

（三）能源互联网带来关键技术的突破

能源互联网以实现各种不同形式能源的自由流通为构建目标，因此，我们需要突破、创新能源各流通环节的关键技术，实现能源在各个环节的有效通联。在能源生产方面，为了改变能源生产和消费过程中的污染现状，我们致力于开发新型能源生产技术，最大限度地利用自然能源，实现能源互联网的低碳化生产、清洁化消费，如分布式光伏、风电等新能源技术将被越来越多的使用，以实现能源互联网的低碳化和清洁化。在能源转化方面，我们致力于实现不同形式能源之间的高效自由便捷转化，以促进能源系统的整体交易效率，减少能源转换过程中的能量消耗问题，如冷热电联产机组、电转氢等将实现能源的自由高效转化以促进能源系统的可靠性和灵活性。在能源运输方面，通过关键技术的突破，我们将实现能源传输的便捷性、高效性，如利用无线充电技术、高压直流技术等实现能源传输的便捷性和高效性。在能源储存方面，高效能源存储设备的研发将实现低成本高质量的能源储存，改变过去能源储存成本高、消耗大的缺点，如高效电池、储热泵等将实现各种能源形式的低成本高效储存，打破能源特别是电力生产消费的实时平衡约束。在能源接入方面，关键技术的改进将实现发电用电设备的自由接入，如多段直流技术、固态变压器等将实现发电用电设备的自由接入和即插即用。

（四）能源互联网带来互联网精神的觉醒

能源互联网的建设不仅仅是各种能源系统在物理层面的革新，还包括信息层面和价值创造层面的变革。自从 2015 年《国务院关于积极推进“互联网+”行动的指导意见》出台后，互联网技术开始与各种传统行业融合，在能源领域，我们更需要互联网精神的觉醒，需要在能源系统的规划，能源的生产、运输、消费等领域实现观念上的转变，将能源与互联网技术紧密结合。能源互联网时代我们需要开始重视能源大数据中蕴含的价值，需要实现以用户为中心的能源供给，需要实现各种用能设备的自由接入以体现平等开放，需要创造能源设备的众筹以实现高效融资等。在电、热、气等传统能源行业，为了适应市场的发展变化，进一步促进能源系统的长久健康发展，我们更需要自觉的践行互联网精神，以互联网精神为指导重新规划能源系统，转变能源生产、消费过程中的运营方式和服务管理理念。

能源互联网的建设能够在很大程度上孕育多样化的市场主体，营造良好的市场环境；也能够改变传统能源格局，突破固有体制，打破各自为政、条块儿分割的能源系统现状；同时也能够突破关键技术，促进能源生产销售技术的革新；还能够唤醒互联网精神，让我们用新的视角审视传统能源系统的运营。能源互联网时代要求创新能源互联网的商业模式，实现以用户为中心的能源供给模式，实现能源互联网商业模式的改革目标。而能源互联网所带来的这些在环境层面、组织层面、技术层面、精神层面的变革和变化，都将为能源互联网商业模式的建立提供创新的源泉，从而促进能源互联网市场机制的形成（陈启鑫等，2015）。

二、能源互联网的商业模式与实现

能源互联网将改变传统能源系统条块分割、各自为政的状况，把电、热、气等多种能源形式在生产、运输、储存、消费等各个环节耦合起来，即在各种新型的能量转换、储存与分配设备的支撑下，用户能够获取灵活、高效、即插即用的能量服务。能源互联网将打破传统意义上对于能源供应、消费环节泾渭分明的“鸿沟”，孕育众多商业主体，创造百花齐放的商业模式。在能源互联网时代，富有生命力的商业模式将以用户为中心，充分挖掘数据资源，善于抓住改革机遇，重视利用核心技术，从而最终实现创造价值的目标。

（一）以用户为中心的价值创造

以用户为中心，即将满足客户的需求作为能源互联网商业模式的设计核心，努力开发多样化的产品以及服务，以满足不同消费者的个性化需求。此外，以用户为中心的能源互联网商业模式还可以引导消费者进行消费，可以在一定程度上激发消费者的消费欲望和需求，促进诱导性消费的实现，从而为整个能源系统创造出新的经济增长点。这种价值可以引渡到用户侧，也可以沉淀到系统运营商、服务提供商，或者设备制造商头上。大致上，所创造的价值可以归结为三大类。

（1）促进用户节能增效。能源互联网可以通过利益共享甚至众筹等商业模式，为用户的屋顶安装太阳能光伏板，在经济可行的前提下，该商业模式将有利于快速发现具有投资机会的“黄金”屋顶，并快速匹配资金、技术与专业的服务资源，如“滴滴清洗”“i 光伏”等新型的商业模式，从而促进分布式、清洁化能源的随地采集和高效利用。又如构建基于 SaaS 模式的能效管理平台，对企业、园区、校园等用户的用能状态进行全方位评估，设计个性化的节能解决方案，使用户的用能行为对能源系统更加友好，实现用户的管理节能与技术节能，降低用户的用能成本。

（2）提高资产利用效率。能源互联网可以通过整合社会上闲散、冗余、性能受限的储能电池资源，形成类似“能量 Uber”的电池租赁、配送与交易平台。平台运营商为用户构建一个储能电池的信息发布和交易匹配平台，并提供储能电池的物流传输渠道。能源互联网用户可以通过平台发布自己电池当前的状态，获取其他用户的能量需求，在平台上实现能量的供需匹配，开展电池的租赁业务，从而盘活电池的存量市场，提高电池的利用效率，为电池租赁双方创造价值。又如充分整合电网、热网、气网等能源网络的生产设备与管网资源，构建相互协调、多能耦合的综合能源供应体系，可同时面向用户提供可调节、可转化的能源服务，充分利用不同能源系统在时段上的错峰效应与调节能力，提高整个能源体系的设备利用率与运行负荷率；其商业模式可以通过系统运营商或第三方服务提供商，向用户提供“电、热、冷、气”多种形式能源互补搭配的“能量套餐”，省却用户“多头购买”之苦，又充分挖掘了资产的利用效率。再如可通过众筹等灵活的手段，以诸如“绿能宝”的商业模式，将能源设备的建设与能源消费在投资阶段就关联起来，使得更多的资金可以投入到利用效率较高的固定资产之中，提高基础设施建设的融资效率、缩短投资回报周期、降低投资风险。

(3) 提升系统运行效益。能源互联网可以成立负荷聚集商的运营主体，通过对用户的用能行为进行科学的管理，充分挖掘用户的需求响应等各种资源，参与到实时电能市场或辅助服务市场中去，可降低系统的运行成本，实现用户与运营主体之间的双赢。又如成立虚拟电厂运营主体，通过先进的信息通信技术和软件系统，实现分布式电源、储能系统、可控负荷、电动汽车等分布式资源的聚合和协调优化，并作为一个特殊的“电厂”整体参与能量市场、辅助服务市场交易，为系统运行提供了一类“化整为零”的额外调节资源，满足互联网时代“零边际成本”的理念。

（二）以数据为核心的信息增值

能源互联网时代，能源系统中每时每刻都在产生、收集、存储、处理着海量的数据，大数据遵循新的摩尔定律，呈现指数级的大爆发增长。人们已开始重视数据中包含的价值，而以数据为核心的商业模式也将在能源互联网中扮演着重要的角色，可以通过信息的增值来提供创新性的服务。从信息增值提供的出口上看，主要可以分为提供“生数据”、提供“熟数据”、提供数据驱动的创新服务三个层次。

（1）提供“生数据”。系统运营商（如电网企业）或设备制造商（如电表制造商）可以通过为用户提供低价甚至免费服务的商业模式，以获取用户的各种用能数据（如用电功率、用气流量），以及与能源系统运行状态相关的数据（如电网电压、热网温度等）。这些信息虽然是未经处理的，但通过挖掘，其内部可能蕴含着揭示用户的消费习惯、生活方式等重要的商业信息，可以在其他“跨界”的商业领域产生巨大的商业价值。在互联网时代，能源大数据甚至可以标准化，按照容量、用户数量、采集周期频度等作为数据商品的计量或标签，在标准化的交易平台上进行数据资源的买卖、授权使用等商业活动，从中产生一定的运营利润。

（2）提供“熟数据”。能源互联网可以通过对用户用能数据、设备运行状态数据等纷繁复杂的一手采集数据进行整合与清洗，构建大型的数据中心或云平台，实现对于海量数据的高效管理，提供便于分析的“干净”数据或可视化数据，为用户更加深入的知识发现提供基础。还可以通过对用户用能等海量数据进行深入挖掘，并将其与用户的社会地位、工作状态等基本属性进行映射与关联，从而精准地辨识用户对于电价的承受能力、参与需求响应的意愿、实施能效管理的潜力等，对用户作为一个市场营销对象的全方位属性进行“肖像描绘”，为相应商业活动的开展提供重要的分类标签与定位线索。

（3）提供数据驱动的创新服务。为用能用户、售电商、新能源开发商、甚至是“跨界”的商业主体提供创新服务是能源互联网大数据分析重要的价值体现。如通过手机、邮件、社交平台等手段，为用户提供个性化的用能账单，让用户对自己的用能行为进行实时感知，并提供远程化、智能化、趣味化的智能用能控制手段，将智能用能变成一种社区化、可排序的平台式活动，让用户从中得到乐趣与实惠。又如深入分析用户的用能行为、用能结构，通过非介入式能效辨识等技术手段，辨识用户的低效用能设备，为用户实施能效管理提出个性化的建议，为用户创造更贴心的价值，从而产生附加的增值服务。再如构建面向光伏、风能的大型数据中心或数据云平台，基于其实现数据采集、运行监测、资源评估、选址优化、发电预测、故障预警、可靠性评估、全生命周期资产管理等链条式、一站式的服务，从而构建特点鲜明、排他式的商业模式。此外，还可以通过整合用户的用能数据、账单结算数据等，对用户的信用等级提供新的评估侧面，为银行等部门提供征信服务等。

（三）以技术为驱动的业务革新

能源互联网各项关键技术的突破，是催生新型商业模式的重要“催化剂”，而商业模式本身也将对技术的发展成熟产生重要的推动作用，二者相辅相成。从能源互联网的物理架构层面上看，可以将各种关键技术的突破归结为两大类：能量转换技术与能源存储技术。

（1）能量转换技术。能源互联网中先进的能源联产技术，高效的电、热、冷转换技术，低成本的电/热制氢技术等，将催生综合能源运营商的商业模式的发展，可依托于小区物业或工业区、高新区管理机构开展。又如能量路由器等关键技术的突破，将有利于实现对于终端多种能量设备，尤其是新能源、电动汽车的即插即用，实现终端能量消费实现多种能量按统一的标准进行“流量计费”，改善用户体验；并使得整个能源交易市场体系具有更大的开放性与包容性，不同形式的能量可以转化为标准化的“焦耳”产品，通过等效的当量转换，可打通不同能量市场间的壁垒，开展更大规模的标准化能源交易，有利于培育金融性的衍生产品，为各种创新性的金融性商业模式的孵化提供了重要的支撑条件。

（2）能源存储技术。能源互联网中高效的能量存储技术，包括分布式储能、相变储能、储热技术、电动汽车充电技术等的发展，将使得能量存储单元变成一类常用的“家用电器”，如特斯拉刚刚上市的 Powerwall。用户基于此类“储能电器”，配以屋顶光伏等分布式发电设备，即可摇身一变成为一个角色模糊的能源生产消费者（Prosumer），能源生产消费者参与能量市场交易本身就是一种商业模式上的创新，而利用互联网将这些分散化的市场成员连接起来，实现随时随地、灵活对等的能源共享与交易，也可催生出类似代理商、合作社、公私合作关系等多元的商业模式。又如高效的能量存储技术甚至可能催生出类似于“能量银行”的创新型商业模式。用户可以选择将自己多余的能量存储到“能量银行”中，在考虑存储成本与损耗的前提下，可在随后从银行中支取相应的能量，并对能量的盈亏平衡进行出清与结算。

（四）以改革为契机的效益挖掘

为适应我国能源供需形势的变化，保障国家能源安全，推动能源生产和消费革命已成为我国的一项长期战略。电力体制改革、油气体制改革已相继拉开序幕，成为能源互联网蓬勃发展最大的改革红利。在更加宽松、竞争性的市场环境下，能源的生产、传输、转化、存储、消费等各个环节将被打通，其商品属性将被还原。能源销售业务的寡头垄断将被打破，能源系统的投资与运营将允许社会第三方资本进入，能源的交易也将打破管制，回归以市场配置资源的本质。因此，以改革为契机，将催生出一批新的商业模式，通过获取改革红利挖掘出新的效益增长点。此类商业模式大致上可以归结为三大类：能源零售竞争、能源系统运营与能源交易运营。

（1）能源零售竞争。我国电力体制改革提出了放开售电侧市场，允许五类不同的市场主体逐渐售电公司的举措，从而在电力市场中形成了“多买多卖”的竞争格局，使得售电成了一个新的商业模式。售电商可以面向用户提供稳定优惠的用电价格、个性化的服务套餐或者附加相应的增值信息，吸引汇集用户资源，并代理用户在电力市场中购入电能。

（2）能源系统运营。我国电力体制改革提出了放开增量配电资产的运营权，允许社会第三方资本进入，从而催生出配网、微网的能源系统运营商的新型商业模式，打破了传统电网企业唯一垄断的市场地位。此类新的商业模式可以实现发电、配电、售电等不同环节的纵向整合，以物理网络的运营为抓手，收取能量配送的“物流费”与“管理费”，并满足用户的多元化电能需求。

（3）能源交易运营。我国电力体制改革提出组建电力交易中心，将推动形成一个独立的、竞争性的交易平台，并催生出新的商业模式。首先，运营能源交易平台本身将成为一类有利可图的商业模式，平台运营商可针对不同的交易类型，交易形式与交易量，向交易双方收取相应的佣金与结算费，并管理平台上的现金流。其次，在能源交易平台上，买卖双方可以开展多种类型灵活的能量交易，如大用户或售电商可以直接与电厂开展 B2B 交易；平台可以提供类似“电力淘宝”的业务，允许售电商到平台上“摆摊”兜售不同的用能套餐，方便用户选择，实现能量交易的 B2C 模式；平台可以支持小用户之间基于 C2C 的互济余缺式的电能交易，把能量交易自由化、电子商务化；平台同样可以支持用户自行发布其个性化的用能需求，而售电商可以“摘牌”为其提供相应的定制化套餐，从而实现个性化的 C2B 服务。

三、能源互联网商业模式的特点与趋势

（一）能源互联网商业模式的发展趋势

根据信息经济学的原理，对复杂大系统进行最优控制，需要将这个系统中处在同一地位的各个子系统相互分离开来，并使它们各自都按着某种最优方式行动，系统中心则主要起协调统筹作用，最后可达到全局和整体的最优。这是一种集中决策和分散决策相结合的方法。集中决策的特点在于，系统内部和外部的有关信息全部集中在决策中心，决策中心所掌握的和收集的信息，成为整体决策的前提和基础。因此，当整个系统规模不是很大，系统中各个元素的信息没有动态变化，决策中心有能力掌握绝大部分系统信息时，整体决策是科学、有效的。然而，随着系统规模的增加，系统各个元素的信息量大幅度增加，决策中心全面获取系统信息，并针对每个元素的利益关切，构建协调全局优化并兼顾个体需求的集中决策模型的难度将大为增加。最终，当系统规模和信息获取成本增加到一定程度，集中决策将变得不经济，且不科学。分散决策是一个完全由市场机制决定的反锁闭环控制系统，在这个系统中，价格、利润和各经济规律充分地发挥着它们固有的职能作用，调节着经济的输入输出状态。这时的子系统（例如企业）一身二职，既为决策者，又是执行者；它的计划决策方案、投入产出等活动完全取决于市场，由于这种决策控制简单明了，且较为灵活，故而对子系统内部和外部环境的变化及内外干扰尤为敏感，子系统的适应性较强。

传统的电力等能源行业，在以省为实体的管理模式下，省级电力交易中心负责全省的整体平衡，是一种集中式优化决策的资源配置方式。由于各省的电力调度、交易机构，掌握全省的机组、负荷及省间交换信息。作为个体

的能源供应者和用户，很难获取整个区域能源的信息，因此，分散化的决策困难很大，信息获取成本很高。在这种情况下，集中决策是市场最有效率的资源配置方式。但是随着能源系统规模越来越大，相互之间的关系变得越来越复杂，信息变化的越来越快，获得整个系统全部信息的可能性越来越小，成本越来越高，这个时候集中决策将不再具有经济效率。

能源互联网的发展，要把各种形式的能源系统纳入、整合到一个能源系统之下，能源系统规模将会变得越来越大，获取系统全部信息的成本越来越高，而且能源互联网使得能源的供给方和需求方都可以从互联网获取信息，大大降低了信息获取成本，为分散化的决策提供了可能。因此，随着互联网和能源行业的进一步融合，能源互联网商业模式的发展将从传统集中式的整体平衡决策向分散式的微平衡决策发展。

（二）能源互联网交易机制的特点与需求

随着能源互联网商业模式的发展趋势由集中决策的整体平衡向分散的微平衡演变，能源互联网交易机制将呈现出以下明显特征。

1. 交易主体多元化

能源互联网的发展使得能源交易的门槛大大降低，交易主体将不再是相对固定的少数经核准的主体。随着能源互联网理论研究和试点工作的深入，加之新电改对售电侧的不断放开，能源互联网背景下的市场环境将涌现出更多交易主体。除现有市场中如发电企业，电网企业等这些少数经核准的主体以外，未来的交易主体和市场构成将更为广泛，各类售电公司，园区、楼宇，甚至个体用户都可能发掘自身的网络接口，不同程度地参与能源互联网交易市场。基于互联网的能源交易，将带来网络用户数量的大量增加。随着能源互联网的推进，将会有越来越多的用户感受到互联网交易的便捷，传统的能源用户将越来越多地参与到互联网交易中。

能源供应者和消费者交易主体的角色和权责可相互转换。与传统模式中固定的供求关系不同，能源互联网交易市场中，供应者和消费者的角色不再是一成不变的。相反，类似于互联网中信息交互的特性，能源互联网中广泛的能量交互将使得能源供应者和消费者交易主体的角色和权责可以发生相互转换。这将使得市场可能自洽地实现利益分配的优化并形成更为高效公平的利益分配格局。市场管理部门将制定明确的市场准入与退出机制，在满足相应要求的前提下，交易主体可自由选择参与或退出市场。这将充分发挥市场的作用，从而使其结构实现更为灵活的动态变化，从而提升资源协调优化配置的效率，同时加强市场的适应性。

2. 交易商品多样化

能源互联网使得系统交易商品呈现多样化特点。首先是能源的多元化供应，交易对象由单一电力商品变为多种能源的协调交易。能源互联网强调“横向多元互补”，多种能源的参与和协调互补是能源互联网区别于传统电网的重要特征之一。能源互联网中，除电力以外，油、气、热等多种能源都将实现广泛互联与多元供应，并最终实现能源的优化利用。其次，供应和需求的灵活性资源将成为一种重要的商品，如发电侧的调峰、调频资源，用电侧的可调控需求侧资源，储能和电动汽车充放电，灵活性资源的市场和交易的发展，将成为能源互联网的重要发展方向之一。最后，电能单一同质化产品变为用户自定制的差异化需求。交易模式和市场的不断开放与完善将为用户提供种类丰富的交易商品，这赋予用户更多的自主选择权。

3. 交易决策分散化

前文提到能源互联网商业模式的发展趋势将由集中式的整体优化决策，变为分散式的微平衡决策，从而实现经济效率，达到帕累托最优。区别于传统的能源系统，能源互联网的建立能够通过先进的互联网技术与分布式发电、储能等技术使得区域内的能源生产与能源消费之间灵活便利的联系，实现局部区域的产供销一体化，从而使区域实现自平衡，并且能够通过自我调节实现帕累托最优。优化目标由购售价差为代表的经济目标，变为清洁、环保、多种。传统的能源交易双方都以利润最大化或成本最小化这一经济指标为目标进行交易决策。随着能源互联网的推进，清洁能源的供应比例大量增加，用户对自身用能行为智能化控制水平不断提升，同时可以实现能源的综合利用，因此，交易的决策目标也将随之变化。

4. 交易信息透明化

信息源由单一交易中心发布变为互联网信息服务提供商。在传统的交易模式中，能源交易信息皆由各交易中心统一发布，且交易信息较为单一。能源互联网建立后，交易量将会大幅增加，这将带来数据信息量的大幅提升。同时，将会出现大量的互联网信息服务提供商来为供需双方提供信息服务。交易信息的充分、透明，将提升市场交易的有效性。市场化的交易将有效促进交易信息透明度的提升，能够保障交易的有效性。

5. 交易时间即时化

由固定周期交易变为用户自行发起的即时交易。随着技术的进步和市场化的深入，交易的时间范围也将逐步实现即时化，满足人们第一时间的需求。交易将在短时间内完成，供需双方的反应速度在交易中占有重要作用（抢单）。随着即时性的提升和交易主体的大幅增加，未来能源交易的竞争将更加激烈，商品和服务的提供速度将成为决定交易能否达成的关键因素之一。

6. 交易管理市场化

随着能源互联网的推进和市场化改革的深入，交易管理也将变得更加市场化，准入核准将变为自由选择进入退出；交易量限额管制逐步放开，由供需双方自主决策；同时，原有的价格限制管制具有滞后性被动性，而未来将变为激励相容的倍率引导。

7. 交易约束层次化

互联网交易的灵活多变性与能源传输网络的物理约束的矛盾将不断增加。交易的灵活性必须有先进的技术作为支撑，交易量的增大和交易的无序性将大大增加能源传输网络的压力甚至超出传输网络的物理承受能力而导致交易无法达成。

8. 交易监管专业化

能源互联网的交易涉及能源供应安全和价格监管，因此，在互联状态下的能源专业涉及更多专业和领域，将会对相关从业人员提出更高的专业化要求（刘敦楠等，2015）。

四、支撑河南省能源互联网发展的市场机制

能源互联网时代商业模式丰富多样，依据能源互联网商业模式的发展趋势和市场交易机制的特点，本文认为清华大学能源互联网课题组提出的“三位一体”的能源互联网交易体系是比较科学、合理的，对河南省构建支撑能源互联网发展的市场机制具有重要的参考价值。

“三位一体”的能源互联网交易体系建立在能量耦合、价格耦合、衍生交易“三位一体”的能源互联网系统之上，能源的交易也将呈现出立体化、多样化和个性化的特点。

（一）能量耦合

人们的日常生产生活离不开电、热、冷、气等传统能源，但目前这些不同形式的能源的消费与交易都是相互独立的。在能源互联网时代，电、热、气等各种能源形式的耦合度不断增强，在能源的生产侧，冷热电联产机组在产生电能的同时，也能产生热能和冷能；在能源消费侧，用户能够选择消费不同的能源而达到同样的用能效果，如空调用电取暖和暖气直接供暖等。如何实现不同形式能源之间的转化和耦合，提高用户能源消费的便捷程度是我们需要关注的热点问题。在能源互联网时代，通过关键技术的突破，我们可以不断加强各种形式能源的耦合程度，实现电、热、冷、气等多种形式的能源之间的自由交易。

（二）价格耦合

能源互联网一场能源革命，将还原能源的商品属性，实现能源的全方位市场化，当然也需要尽可能的实现能源真实价格的回归。为了实现能源互联网时代对于能源商品属性的重新定位，我们需要在能量市场、碳排放市场等各种市场中建立有利于能源市场流通的现货交易、期货交易相互支撑和耦合的两级市场体系，从而提高能源市场的透明度；有效地实现各种不同形式能源之间的优化配置，从而达到能源商品供求平衡并实现市场价格的合理预期，使能源的交易变得更加自由透明。

（三）衍生交易

能源互联网时代，除了电、热、冷、气等的能量市场外，还需要建立辅助服务市场、容量市场、碳交易市场、绿币交易市场、发电权市场、售电权市场等各种其他衍生交易市场。辅助服务市场、容量市场等有利于促进能源系统的安全可靠运行；碳交易市场、绿币交易市场等有利于促进能源系统对新能源的接纳水平，降低碳排放等；发电权市场、售电权市场等有利于促进能源市场有效竞争和增加市场活跃度。

能量耦合、价格耦合、衍生交易“三位一体”的能源互联网交易体系的构建，既可以在物理层面上实现多种能源形式的相互耦合和标准化交易，也能够在价值创造层面上创造能源的现货、期货两级市场。同时，还能衍生出除能量市场以外的其他市场，如碳交易、能效、配额交易等（陈启鑫等，2017），从而推动河南省能源互联网更快、更好地发展。

第二节　支撑河南省能源互联网发展的组织机制

中国著名导弹专家钱学森先生在研究城市过程中认为，“系统不能割裂开来研究，系统组成部分相互都是有密切关系的，割裂开来就不成为系统。”认为研究城市要引入系统的思想（钱学森，1985）。能源互联网与城市一样，也是一个巨系统。能源互联网的组成，是能源开发利用全过程与互联网深入融合的结果。从横向看，能源分为很多种，常用能源一般为煤、石油、天然气，以及转换能源——电力等。在能源互联网思维下，未来能源的利用以电力为主，但煤、石油、天然气仍然占有重要比例。能源互联网的能源组成是多方面的，各能源的开发利用体系共同组成能源互联网。从纵向看，能源的开发利用包括能源开采、储运（转换）、销售、消费、服务、管理等多个环节，每一个环节也可以看作一个体系，每一环节、每一体系共同作用才完成能源从开发到最终消费的过程（王剑，2016）。要使能源互联网这个巨系统顺利运转，需要从外部和内部提供强有力的组织保障。

一、外部组织保障

从支撑能源互联网发展的外部组织保障来看，能源局等政府职能部门要协调合作，发挥引导作用，使得能源互联网建设形成合力；能源企业要充分发挥市场主体作用，进行企业体制机制创新，尽快实现企业转型升级；个人层面要提高能源互联网建设的参与度。

（一）政府层面

首先，要进行体制机制的变革。曾鸣认为，能源互联网的建设不是基于现有的能源生产、消费模式和能源体制，而是要通过互联网这种能源技术革命，推动能源生产、消费、体制变革和能源结构调整（曾鸣，2015）。能源互联网体系的构建，要基于用户思维出发而规划，而能源的使用成本即能源价格是关键因素，因此，首先要进行能源价格体制方面的变革，建立健全灵活反映市场供求关系、资源稀缺程度以及环境损害成本，有助于实现结构调整和可持续发展的能源价格机制。有序放开电力、油气等领域竞争性环节价格，扩大直接交易规模，充分发挥市场形成价格的决定性作用，推进输配电价改革，改进电价结构，完善新能源、环保电价体系，推动能源的市场化改革；同时，在能源生产、能源管理、能源监管等方面的体制机制也要做出积极的变革，为能源互联网体系建设扫除制度障碍，支持能源互联网体系建设的发展。

其次，制定准入标准。如分布式能源入网标准、生物柴油使用标准等，便于新能源进入市场交易。

再次，支持能源互联网基础设施建设和分布式能源开发利用。从全国和省域层面，布局骨干电力网络、石油天然气输送网络等实体网络建设；组建跨省域的能源交易平台，构建能源生产、储运、销售、消费等大数据、云计算基础设施建设；同时，支持单位或者个人开发利用新能源，支持科研院校研发能源互联网相关技术，给予相应补贴、税收优惠等。

然后，加强国际合作。实现优势能源互补、共享，推动全球能源互联网的形成。

最后，加强宣传。引起社会、居民参与到能源互联网体系建设中去。

（二）企业层面

能源互联网将掀起新一轮的工业革命，涉及到多个产业发展、转型升级。各相关企业要着眼于长远发展，积极迎合能源互联网体系建设，抢占市场制高点，为企业发展进行战略布局。

第一，能源企业要进行管理体制的变革。为适应互联网经济快速发展，能源企业在管理体制方面应实现三个层次的转变：一是管理思维层次，从行政性管理思维转变为面向市场的管理思维，从生产为主导转变为以强化终端销售为主导。二是组织构架层次，从金字塔式纵向科层管理组织构架向扁平化的横向综合一体化转变，从以专业化业务分工出发的组织模块向以终端产品驱动为出发点的内部一体化组织模块转变。三是治理体系层次，总部管控的集权式治理模式向分类分级授权式治理模式转变，从独立业务治理模式向业务群治理模式转变。

第二，能源企业要进行运营机制的变革。能源互联网时代，能源企业运营机制应符合以下几方面特征：一是以灵活市场应对为基础的决策机制。按照内部市场化的原则，建立基于分类分级授权式治理模式的决策体系，使终端市场信息在企业内有效传导并使在市场前沿的主体依据市场状况灵活决策。二是以有效融合为目的的开放业务平台。构建以信息、技术、资金、人才和市场等为内容的业务平台，实现平台各方面的开放，打破业务间、企业间在市场数据等方面的壁垒，促进公司各主营业务与相关业务的跨界融合，提高业务群整体市场价值。三是以推动终端销售为目标的业务流程。基于市场的大数据分析可传导到生产环节，将终端消费的多元化、差异化需求在生产端充分体现，将“以产定销”思维转变为“以销定产”。四是以市场效益为根本的用人激励机制。选人用人以及激励考核是生产经营的指挥棒，必须发挥其在推动商业模式创新和技术创新方面的积极推动作用。五是以满足用户需求最大化为本的企业文化。逐步更新经营理念，将发展互联网经济条件下，最大限度满足用户需求，重视消费端作为企业文化的根本。促使能源企业由生产型、企业型向服务型企业转变，一切以客户需求为出发点（李雪锋等，

2016）。

第三，能源企业要优化能源布局。一是积极布局大型太阳能光伏发电、风能发电、地热能发电、水能发电、核能发电、生物质能发电等战略企业布局，减少煤电的新厂建设；积极加强传统煤电行业技术改造，装备更新，提升能源生产自动化、智能化程度，以积极准备接入到能源互联网中去。也有利于企业减少生产成本，提升能源利用效率，减少污染物排放量，提高企业利润率，使企业足以能够面对能源互联网的影响。二是积极发展大型生物柴油、乙醇汽油、甲醇汽油、生物沼气等石油天然气替代品，建立替代油品燃气销售渠道。三是参与能源交易平台建设，积极提供能源服务、咨询业务，抢占客户市场。四是推动能源交易市场化试点工作。在短时间内，全国性放开电价市场化存在一定难题，而区域内，可以作为试点地区，先行开展能源市场化交易，为能源互联网体系建设提供经验。五是为微小型分布式能源布局提供技术支持和服务，即利用成熟的电力生产技术，协助建筑、家庭等进行能源生产等。

第四，信息产业要根据能源互联网体系建设的需要，构建能源互联网中那张“无形的网”。一是建立能源从生产到消费全过程的大数据、云计算体系，利用物联网技术，研发远程监控、操控、自动化和智能化运行软件、程序。二是构建能源交易服务平台，实现能源销售的网络化服务。三是整合各项能源信息资源，建立能源服务 APP，使用户能够实时掌控、查询、咨询一切相关能源信息等。四是参与到区域能源交易市场化试点建设工作等。整体来说，能源互联网构建所需要的信息技术支撑体系，在当前技术条件下均可以实现，可以着手开始产业布局。

第五，技术装备行业要进一步加强研发力度。一是要提升新能源采集、转换装备性能，降低装备成本，例如如何保障风能、太阳能等新能源发电装备的稳定性和装机成本等。二是要积极研发储能技术，以保障电网有稳定、安全、持续的能源供应。三是要积极开展终端设备节能技术研究，例如家电、新能源汽车等。四是要积极开展能源互联网基础设施建设，如快速充电桩、特高压与中低压电网等。

第六，建筑行业要积极开展建筑节能技术和智能控制研究。要加强大型建筑屋顶、幕墙能源采集和能量转换等建设，以促进分布式能源的发展。例如，杭州师范大学仓前新校区宿舍楼顶安装的大型太阳能热水系统，基本能够满足全校近一万名师生的热水需求。再如，杭州火车东站屋顶利用43000多块电池板，铺了12万平方米的发电装置，年发电量达到1000万千瓦时，可供大约5000余户家庭一年的生活用电，或者满足火车东站30%左右用电需求，它是目前亚洲最大的单体建筑光伏发电项目（何德忠等，2008）。这些建筑节能、建筑发电的成功经验，应广泛在建筑行业得以推广，以促进能源互联网的建设。

（三）个人层面

未来能源互联网主要是以新能源为主分布式发展。以家庭、社区为单位的屋顶太阳能利用，将是能源互联网的重要组成部分。积极推动居民接受新能源、利用新能源，对于能源互联网建设意义重大。因此，一方面，政府、社会要积极推动能源互联网的宣传，加强能源互联网相关知识普及，加大关键产品的宣传、培训，以使个人充分了解能源互联网；另一方面，对于居民使用新能源、建设微型新能源发电站等给予适当的补贴，在体制机制方面做出适当的安排等，以促进新能源、能源互联网的普及化（王剑，2016）。

二、内部组织机制

在能源互联网中，实现能源供给和消费的均衡是能源流性质的要求，构建合理的能源互联网组织机制，建立各组成单元间信息交互和能源传输的高效通道成为了必须解决的问题。不同的网络结构对应各异的管理规范和组网模式，在可扩展性、健壮性和安全性等方面都拥有各自的特性。根据能源类型和运行需求选取相应的网络结构将是能源互联网组织结构的发展趋势。以电力系统为例，灵活、健壮的拓扑结构一直是电力网络系统追求的目标，也是未来智能电网的支撑技术之一。各级电网的优化配置和协同部署成为了实现电力互联网优化运行的硬件基础，目前采用的典型网络结构包括总线结构、层次化结构和自组织结构。

（一）总线结构

智能电网是微网的智能化融合，总线结构是可选择的典型网络架构之一，骨干传输通道（包括能源配送网络和信息传输高速公路）是基础，接入单元（包括微网、消费终端、电力生产企业等）通过“即插即用”方式接入。接入单元通过信息设施实现负荷或能量状况信息的共享，为调整控制策略提供支撑。一般地，为适应能源定向流动，交换装置可以选择或配置为双向或单向，方便网络接入、能源个性化供给和消费等。但是，随着接入单元数量的增加，处理交互信息流给总线结构带来巨大挑战，与其他结构的协同方法是重要研究方向。

（二）层次化结构

尽力实现能源本地化供应、降低能源传输损耗是能源互联网建设的目标之一。互联网发展的成功经验表明：层次化（树形）网络结构是一种有效方法。

层次化结构在网络可扩展性、资产继承性等方面具有无可比拟的优势：一方面，当前具有相当规模的骨干电力网（尤其是高压、超高压或特高压线路）为未来能源互联网骨干线路提供了可行选择，能源和信息传输耦合的电力配送网络为构建能源互联网提供了便利；另一方面，分区域建设的配、变电设施天然地适应了该结构的要求，只需智能的边界交换装置即可方便地实现能源互联网组建。

在层次化结构中，簇控制器是核心部件，控制器通过智能电表等信息采集设备获知底层单元能源需求和生产信息，根据计算结果由底至上地完成调度。只有当底层单元无法实现供给平衡时，控制器才向上层控制器发送能源请求信息，并与骨干总线配合实现能源供给平衡。此外，层次化结构能较好地隔离失效，在发生故障时避免事故蔓延，本质上可以提高网络的可生存性。为支撑分布式可再生能源，Erol-Kantarci 等（2011）提出了覆盖网结构，强调多个控制器控制（Erol-Kantarci 等 2011），与树形结构相比，虽然增加了控制和调度难度，但为实现能源供给平衡灵活调度提供了可能。

目前，层次化结构已被应用于主体位置和需求变化较小的微网，高效控制和管理策略仍是推广该结构的瓶颈。

（三）自组织结构

自组织网络架构摆脱了固定结构束缚，旨在通过能源主体间的协同实现网络结构的快速演化，提供一种利于发挥能源主体能动性和应用潜力的网络结构。

自组织网络架构主体能够根据需求或事件，借助已有设施主动变换子能源互联网结构，不需要中心控制，时间维度上该结构呈现较大的动态性，行动主体可以自主地选择电力子网络，实现能源最优利用。

类似于计算机网络中的 P2P 网络和无线通信中的自组织网络，网络主体行为受自身价值的影响，参与主体的规模影响该网络结构实施效率，激励合作机制是推广该类结构的关键。为实现消费最小化和能源平稳化，Mohsenian-Rad 等（2010）学者基于能源消费调度器给出了一种激励合作机制，探索了自组织结构良好的应用前景（Mohsenian-Rad 等，2010）。

在未来的能源互联网中，总线结构、层次化结构和自组织结构三种结构将会根据时间、事件等因素持续演化、合理组合，为网络优化运行提供坚实的组织基础。

第三节　支撑河南省能源互联网发展的政策保障机制

与发达国家和中国发达省份相比，河南省经济发展水平不高。因此，应结合我国实际情况和河南省省情，借鉴发达国家的经验，制定河南省能源互联网发展的政策保障机制。可通过构建完善的产业政策保障体系，完善能源保障体系，培育和建设有效的市场供求体系，建立健全多层次资本市场体系，构建和完善技术创新体系，以促进河南省能源互联网产业稳定、健康、快速发展。

一、构建和完善能源互联网产业政策保障体系

河南省能源互联网的发展还存在一定的投入制约和制度制约，有必要构建和完善能源互联网发展的政策保障体系，加强产业立法，强化政策支持，

从制度上推进能源互联网深入发展。

（一）加强能源互联网发展立法保护

推动能源互联网行业健康持续发展，除了要认真落实相关产业政策和战略规划，还应做好相关立法工作，加强对能源互联网行业的法律保护。

第一，加强产业专项立法。目前，中国在能源互联网产业领域上的立法还基本上处在空白状态，即使是已经颁布的现有法律中关于新能源、能源互联网方面的内容也较少，并亟需完善。因此，加强能源互联网专项立法很有必要，相关法律应明确界定相关产业政策的边界，在充分发挥市场机制作用的同时，利用财政政策、税收和价格政策等政府调控手段引导能源互联网行业的发展。

第二，加强产业政策立法。中国现有产业政策的法律化程度相对较低。因此，相关部门要抓紧制定指导出台能源互联网领域的基本法律，提供基本的规范和保障，并以此为依据，制定能源互联网行业产业促进法，从制度上能源互联网行业的健康发展。另外，也可以考虑将现有的能源互联网行业规划融入到法律条文之中，相关部门和立法机关应配套出台相关产业法律的实施细则，确保法律规范的可操作性和权威性。同时，要明确新兴产业法律责任，制定统一的责任处置办法和条例，对相关责任性质、责任内容、责任风险、责任处置与程序等作出具体的规定。

第三，加强知识产权立法。能源互联网行业的竞争主要是以科技进步为核心的创新力竞争，随着科技成果转化的节奏越来越快，依靠原始创新与集成创新等手段促进科技水平提高越来越普遍。因而，发展能源互联网相关知识产权保护必不可少，一旦保护不力，容易造成知识产权流失和巨大损失。在能源互联网行业发展过程中，相关立法部门应特别注重与新兴产业的创新特性结合，针对能源互联网产业特点，明确知识产权保护标准，扩大保护范围。

（二）加大财政政策支持力度

发展能源互联网需要较高的资金要求，而政府的作用是基础性的，政府的财政支持可以有效引导和拉动社会资金的投入，形成规模效应。因此，为满足能源互联网行业发展的资金和政策需要，政府需要在提高财政资金投入的基础上，强化资金引导作用，促进能源互联网行业的发展。要鼓励大学和科研机构自主创新，逐年提高对能源互联网产业研发的专项预算经费，对具有关键性和前瞻性的技术与产品研发进行重点财政资金支持，对能源互联网行业重大技术改造等项目给予特别的政策支持。此外，政府还需要综合运用财政支出的不同方式和不同手段，根据能源互联网行业发展的特点，采取财政投资、财政贴息和财政补助等不同方式，找准突破口和关键点，使财政资金的作用充分发挥。比如，在产品的研发阶段，政府财政支持应以财政支付为主；在产品市场化阶段，应以财政补贴和担保方式为主；在市场培育阶段，应以财政补贴和财政补助等方式为主，以达到集中有限力量和资源，突破产业发展重点的目的。

在制定财政政策时，还应针对当前财政资金使用重点不突出和范围不明确等问题，加大中央和省级财政资金的整合力度，将财政资金切实投入到关键领域，以引导和调节市场资源，促进能源互联网行业的持续发展。同时，有必要建立和完善财政政策扶持的考核机制，将重大专项研发投入等指标列入经济社会发展考核体系，提高科技投入在财政支出中的比重。

（三）强化税收的杠杆作用

税收是宏观调控的重要手段，通过税率的变化、优惠及减免可以有效撬动能源互联网行业的健康发展，一般来说，税收杠杆的作用主要体现在所得税和增值税的优惠和减免上。

第一，扩大增值税优惠范围。产业发展需要大量的人力和财力支持，尤其是在产品研发时，重大设备的购买使企业承担了上游转嫁的增值税，加重了企业负担，不利于发挥企业发展的积极性。因此，有必要对企业研发环节的厂房和设备等所含增值税的进项税额进行一定时期内的免税或退税政策，以降低创新风险，激励企业自主创新。对部分能源互联网领域的出口产品实行退税优惠，尤其是对国家重点关注的新产品，要有针对性的给予不同程度的税收优惠。按照一定比例对企业的研发费用与技术转让费用等扣除后计入税额。

第二，扩大个人所得税优惠范围。人力资本是能源互联网行业创新的重要保障，为有效提高高端人才研发的积极性，可以采取降低个人所得税的优惠手段。因此，可以对创新人才的各种收入所交个人所得税进行必要的生活费扣除，如本人及其子女的家庭教育费用等，以鼓励其加大个人教育投入，充分调动学习新技术、研发新技术的能动性。扩大个人所得税优惠范围，对创新人才取得的研发成果技术转让和服务收入给予一定的税收优惠，对创新人才获得的企业内部实物或货币奖励给予一定的个人所得税免除，对研发人才在能源互联网企业中的技术入股所得收益免征个人所得税，以此调动科技人员和研发人员的工作积极性。另外，也可以针对产品的个人供给者和消费者，给予一定的个人所得税减免，以刺激产品生产和消费，促进能源互联网行业的发展。

第三，扩大企业所得税优惠范围。中国目前的税收优惠政策大多是直接优惠，方法比较简单。为了更有效地提高研发投入的积极性，我们应该更加注重运用间接优惠，如加速企业的折旧年限等。政府应放宽能源互联网行业的折旧年限，尤其是要有别于正常折旧的特别折旧政策。此外，还有税收抵免和退税优惠政策，给予能源互联网企业再投资用于研发的部分以一定比例的退税优惠，以鼓励企业更新固定资产和技术创新。在此基础上，进一步放宽费用扣除标准，扩大费用扣除，鼓励创新，如对能源互联网企业部分教育培训费用进行税前列支，允许提取准备金等。

二、构建和完善能源互联网能源保障体系

能源互联网的发展离不开能源，但目前河南省非化石能源开发利用不足，化石能源利用效率不高，污染严重，给能源保障带来了较大压力，因此，必须通过调整能源结构，优化化石能源，加快发展非化石能源，不断完善能源保障体系，为能源互联网的发展提供能源保障。

（一）优化发展化石能源

第一，加快河南省煤炭基地转型升级。一是优化产能结构。严格控制新

建煤矿项目、新增产能的技术改造项目和产能核增项目，对确需新增产能项目实行减量替代；有效化解存在安全隐患，质量和环保不符合要求，严重资不抵债、扭亏无望等问题的煤矿的过剩产能；引导 30 万吨以下小煤矿有序退出，禁止高灰高硫煤矿生产，关闭安全不达标的各类矿井。二是推进煤炭绿色开采。积极推广使用充填开采、煤与瓦斯共采、煤炭地下气化等绿色开采技术，探索推进信息化、智能化矿山建设，坚持“先抽后采”“先抽后建”“采煤采气一体化”发展，支持低浓度瓦斯发电、热电冷联供，鼓励乏风氧化利用，提高瓦斯利用率，严禁高浓度瓦斯直接排放，到 2020 年，煤层气抽采量达到 8 亿立方米，利用量达到 2. 6 亿立方米。三是大力发展煤炭洗选加工。加快现有煤矿洗选厂升级改造，布局建设一批煤矿洗选厂，提高原煤入洗能力，入洗率达到 70%左右。加快推进南阳、义马、鹤壁—濮阳三个煤炭储配物流园区建设，增强煤炭资源调配能力；发挥平煤煤炭储备基地作用，盘活省内外资源。四是推进煤炭清洁高效利用。促进煤炭企业与电力、钢铁、建材、化工等相关企业多方式合作，重点推进郑州、义马、平顶山等矿区煤电一体化发展，加快推进煤炭产业与煤化工深度融合，稳步推进鹤壁等现代煤化工项目实施。完善高端精细煤基化工产业链。落实商品煤质量管理办法，完善煤炭清洁储运体系，加强煤炭质量全过程监督管理，严格控制散煤和劣质煤的利用，积极推行民用洁净型煤的加工配送。鼓励开展煤炭分质分级梯级利用，提高煤炭资源综合利用效率。

第二，加快建设中原炼化基地。建成洛阳 1800 万吨/年扩能改造项目一期工程，带动当地石化产业发展，形成上中下游协调发展的炼油—化纤—精细化工产业基地。推进濮阳炼化产业升级及扩能改造，发展烯烃、芳烃及后续加工，拉长精细化工产业链条。加快南阳精蜡化工原料生产线建设。积极推进商丘千万吨炼油项目前期工作，提高河南省油品供应保障能力。加快日照—濮阳—洛阳等原油管道建设，引进外部原油资源，全力保障炼化基地建设需要。重点建设洛阳—三门峡—运城、郑州—开封—商丘等成品油和洛阳—新郑航空港区航空煤油等输油管道，积极推进洛阳—平顶山—漯河—周口成品油输油管道前期工作，完善配套油库和加油站等储配设施，逐步建成以郑州、洛阳、濮阳油品输配中心和洛阳、濮阳两个炼化中心为依托的油品输送网络。提高炼油综合商品率，产品质量、环保排放等整体达到国际先进水平。

第三，深入实施“气化河南”工程。依托新粤浙等国家骨干天然气管线，加快建设唐河—平顶山—伊川等省内天然气配套支线，实现全部市和部分重点县双管道供气。加快管道扩展延伸，将管道天然气覆盖到产业集聚区、重点乡镇等用气集中区域，推动省内各管线互联互通，提高全省供气的可靠性，逐步形成通连市县、延伸城乡、互通互补、协调有序的燃气供应网络。优化天然气消费结构，提高利用效率。鼓励应用先进工艺、技术和设备，发展高效利用项目，开拓天然气消费市场。加强技术引进和研发攻关，加大客货重卡 LNG 利用扶持力度，鼓励省内页岩气、煤层气、生物质制气等非常规天然气资源开发利用，就近接入地方干网或支线，实现与常规天然气管网互联互通。争取 2020 年全省天然气长输管道突破 7000 公里，天然气年消费量达到 150 亿立方米以上，城市居民天然气普及率达到 80%。

（二）加快发展非化石能源

在能源互联网时代，要把发展非化石能源作为新时期能源发展的主攻方向，鼓励优先开发和利用非化石能源，不断扩大利用规模，提高非化石能源在能源消费中的比重，促进非化石能源全方位、多元化、规模化和产业化发展。

第一，大力推进风电项目建设。按照统筹规划、生态优先、集散并举、有效利用的原则，加强风能资源勘测开发。鼓励符合条件的区域建设大型风电基地，重点推进资源条件较好的豫西北、豫西南和豫南地区的开发建设。积极推进豫北、豫东等平原地区低风速发电项目建设，因地制宜推动分散式风电开发。

第二，推动太阳能利用快速发展。积极推进有条件的产业集聚区、公共设施及商业建筑屋顶和个人家庭建设分布式光伏发电系统，鼓励全部自发自用的地面分布式光伏电站建设。在土地节约集约利用及保护生态的前提下，有序推进集中式地面光伏电站建设，积极实施光伏扶贫工程，探索采煤沉陷区光伏发电综合治理等发展新模式，提高光伏发电综合示范效应。鼓励建筑物配套建设公用太阳能热水系统，提高太阳能热利用普及率。

第三，提升生物质能开发利用水平。在国家政策支持下，着力推动生物质能梯级利用，提高产品附加值，建设先进生物质能示范基地，大力发展非粮生物液体燃料，重点在豫西南和豫北开展纤维燃料乙醇产业化示范。按照合理布局、区域统筹、热电优先的原则，稳步推动城镇生活垃圾能源化利用，鼓励各市布局生活垃圾焚烧发电项目或改扩建原有焚烧设施，支持相邻县共建共享垃圾焚烧发电设施。有序发展农林生物质发电，支持热需求稳定的产业集聚区建设生物质热电联产项目，鼓励大型畜禽养殖场、垃圾填埋场、污水废水处理厂配套建设沼气发电工程。开展餐厨垃圾能源化利用示范项目，支持具备条件的地方建设生物柴油项目。推动沼气高值化利用，优先发展集中供气，鼓励沼气提纯后作为车用燃气使用。统筹利用生物质成型燃料，建立规模化的生产销售体系，开展生物质锅炉替代燃煤小锅炉供热示范。

第四，合理开发利用地热能。开展地热能资源地质勘查，加强压水回灌循环利用，提高地热能开发利用水平，统筹布局地热能开发项目，重点发展浅层地热能，规范发展中深层地热能，鼓励在新建公共建筑和住宅小区开展地源热泵供暖制冷，探索开展地热发电试点。

第五，合理发展小水电。加强中小流域综合治理，推进小水电增效扩容改造和小水电扶贫工程建设，因地制宜、有序推进小水电开发。

第六，稳步推进核电项目前期工作。做好南阳、信阳等核电项目厂址保护工作，争取继续列入国家核电中长期发展规划。待国家启动内陆核电项目规划建设后，积极推进南阳、信阳、洛阳、平顶山等核电项目前期工作。加强核电项目公众宣传，为核电项目规划建设营造良好氛围。

三、培育和建设有效的市场供求体系

由于我国能源互联网行业发展还存在市场制约，产业发展力还需进一步提升，因此，有必要培育和建设有效的市场供求体系。长期稳定而广阔的市场供给和需求是河南省能源互联网行业发展的持续动力，加之能源互联网行业还处于萌芽和上升阶段，更需要注重市场供给和需求的培育。

（一）需求领域

在需求领域，一方面，利用中国市场潜力大的经济优势，积极地培育国内市场，引导和扩大国内需求。另一方面，积极拓展国外市场，通过出口补贴和担保贷款等政策手段，支持创新产品出口，帮助企业开拓海外市场。

1. 积极培育国内市场，扩大产业需求

积极实施相关公共项目规划和建设。公共项目规划和建设可以直接有效的拉动能源互联网行业的现实社会需求，尤其是在政府不适合采取直接采购的领域，可以通过公共项目规划和建设创造大量的社会需求。目前，中国已经实施的低碳城市试点、三网融合试点等，以及新能源发展规划和新能源汽车发展规划等均具有较强的需求拉动效应。在扩量的基础上，提高项目的可操作性和针对性，以更加有效地推进能源互联网行业的发展。

充分发挥政府采购的引导作用。政府在使用能源互联网行业产品时，应当完善政府采购预算和政府采购信息公开，精简采购程序，提高采购效率。逐步改进政府采购的评级方法，对能源互联网行业新产品给予特殊对待。建立购买能源互联网行业自主创新产品的政府采购制度，刺激地方政府提高对于能源互联网行业产品的采购数量和采购规模。

完善产品价格和相关政策支持。发达国家促进新产品消费的主要政策包括完善产品价格、消费税和贷款支持等。适应消费需求低碳化和绿色化的发展趋势，我国也应逐步完善能源互联网产品的价格和税费支持政策。一是制定和完善新产品购买的消费支持政策。对机关、企事业单位和居民购买绿色低碳、节能降耗、节水节材等产品，实施一定的消费减免、税费返还或价格补贴，对大额新产品给予特殊消费信贷支持等。二是制定和完善新产品使用的消费支持政策。对于产品使用过程中需要消费者继续付费的新产品，尤其是节能环保、降耗减材等领域的产品，对消费者进行保险补助和费用补贴等，在刺激新产品消费的同时，也激励产品生产厂家加强新技术研发和改造，进一步降低传统产品能耗。

加强舆论宣传和引导。能源互联网行业与用户的关联性较高，因此，培

育和改善能源互联网发展的消费环境，引导用户消费对能源互联网产业发展具有促进作用。要加快能源互联网行业相关产品的认证，建立产品认证体系，使民众正确识别创新产品，充分了解创新产品的优越性。同时，要建立完善信用体系，大力发展信贷消费，引导公众的购买意愿。政府还要积极提供和购买新兴公共服务，通过各种形式促进能源互联网行业的发展。

2. 瞄准国际市场，增强产业的国际竞争力

明确市场拓展策略。拓展国际市场应该避免盲目性，应该针对不同类型的国家分类采取不同的拓展策略。对于经济发达国家的市场，要重点支持那些市场准入条件高，已经形成一定出口优势的产品。对于新兴国家和欠发达国家的市场，出口企业必须强化自身的比较优势，瞄准市场需求，满足对方的迫切需求领域。对于科技领先国家的市场，应该积极加强合作，在出口产品和服务的同时，积极借鉴和吸收对方的先进技术成果，并努力实现转化，提升自身的科技发展水平。

提升市场拓展能力。支持和提升能源互联网企业拓展国际市场的能力。一是支持重点企业的发展。培育和支持创新能力强、竞争能力高的骨干大型企业，以及部分灵活性强的中小企业走出去，并通过政府政策和各种措施引导企业提升自身能力，积极拓展国际市场。二是促进创新基地的发展。加强公共服务平台建设，充分发挥能源互联网创新基地的规模化效应，促进新技术和新产品的研发生产效率，为企业拓展国际市场奠定坚实的基础。三是促进产业组织形式的创新。强化政府政策引导，支持企业等市场主体积极建立新型产业组织，形成产业联盟，并积极参与国际合作，提高自身竞争力。与此同时，还要充分发挥新型产业组织在国际标准制定等国际市场竞争方面的作用，提升企业的话语权。

提高出口产品科技含量。提高出口产品的科技含量才能真正彰显一国的国际竞争水平。一是积极引导企业增加高技术含量产品的出口数量，通过出台和明确具体的出口商品目录，提高能源互联网领域的产品出口，对部分商品和产品实行政策优惠。二是加强资源综合利用，鼓励外国投资商将部分高技术产品终端生产吸引到国内来，以提高出口商品的科技含量。三是扩大服务出口规模。一方面，积极开展能源互联网领域的服务外包转移，提高服务出口规模。另一方面，鼓励高新技术出口，支持国内企业通过合作、贸易和投资等方式出口高新技术及其产品，主要包括技术专利权转让、技术服务和咨询、专利实施许可等。

做好市场拓展服务。一是鼓励能源互联网行业积极引进高端产品、关键技术设备和服务，鼓励能源互联网企业开拓国际市场，加大产品、技术和服务的出口力度。二是强化企业的竞争应对能力。一方面，对企业开展国际领域贸易保护主义的应对措施的培训，引导企业应对非关税壁垒的能力和水平，维护企业自身的合理权益。另一方面，支持企业加强知识产权保护的能力，切实保护自身的发展基础，以免受到恶意竞争，影响国际市场的开拓发展。三是强化政府服务平台建设。积极支持和引导相关行业建立中介组织和行业协会，并充分利用外资机构的信息优势，为出口企业及时提供真实有效的市场信息。另外，积极支持能源互联网企业开展出口宣传活动，如产品展览和产品交流活动，提升国外企业对国内产品的了解程度，增强产品信息交流，扩大国际交流渠道。

（二）供给领域

在供给领域，主要是建立健全企业的参与机制。发展能源互联网离不开企业的主体作用，都必须围绕企业主体，重点企业研究的长效机制和推进机制。发展能源互联网关键是有一批骨干企业，因此，应充分运用市场“倒逼”机制、行业“互逼”机制，充分发挥企业创新活力和发展的多样性，引导国有企业、民营企业、外资企业投向能源互联网领域。

1. 推动国有企业向能源互联网产业的投资

目前，由于能源企业资源密集型的特点，河南省规模较大的能源企业基本都是国有企业，因此，发挥国有经济的战略性主导作用，培育大型国有支柱企业，是发展能源互联网的重要内容，国有企业是推动能源互联网行业发展的重要推动力。一是大型国有企业在转型能源互联网产业时，应仔细分析，评估各类业务与新业务增长潜力，评估自主创新的能力，以规避风险，突破瓶颈，抓住机会进入市场，并保持对市场情况的紧密跟踪，及时调整现有业务的进展情况。二是国有企业要改变和创新业务指标评价体系，以权利和责任为评价原则，完善内部考核机制，鼓励适当的风险管理，激发内部能量，推动战略转型。三是国有企业要从内部培养和外部引进两个方面建立健全企业高层次专家梯队的培养和选拔制度，注重培养具有国际先进水平的创新企业领导人才。四是制定合理的策略推进国有企业的重组，提高资源配置效率。政府应加大财政投入力度，拓宽融资渠道，破解融资难题，加强与金融机构的联系，鼓励符合条件的企业发行公司债券筹集资金，国有金融机构在项目批准过程中适当向能源互联网行业倾斜。

2. 鼓励和支持中小企业投资能源互联网

作为新兴产业，能源互联网的兴起和发展，为中小企业带来了新的发展机遇，政府要积极鼓励、引导、支持和保障中小企业的发展，营造良好的发展环境。一是政府应鼓励中小企业投资能源互联网，制定相关政策，鼓励企业积极转变和调整发展思路，通过注资、合资、引资等方式，引导中小企业投资能源互联网，并在此基础上促进自身发展。鼓励与其他大中型能源互联网企业合作，共同创造条件开发商业项目，以解决中小企业资金、人才和技术问题，促进企业之间的优势互补，优化资源配置。在中小企业的产业准入和市场准入上，政府应该放松管制，除必须达到节能环保要求和按法律法规的资质外，减少中小企业和民间资本在其他领域的门槛。根据能源互联网新的产业特点和需求，把握好产业支撑的节奏，力度和方向，注重培育企业自身的主体能力，为企业发展创造良好的环境。政府应充分发挥市场资源分配的作用，进行科学规划和产业发展的正确引导，避免盲目性和大规模重复建设，防止产能过剩。二是要引导和强化中小企业的创新意愿，鼓励其将品牌创新和技术创新等纳入公司发展战略，通过自我管理，促进创新，树立企业良好的创新形象；帮助中小企业吸引创新型人才，出台各种激励措施来支持中小企业提高技术入股，以股权和分红等方式，吸引高科技人才到中小企业兼职或全职，以人才带动创新能力的提高。鼓励中小企业加大对技术创新的投入，通过科学研究，形成和培育引领能源互联网产业发展的核心技术，增强中小企业向新、专、精方向发展的能力。三是积极开展信息平台建设。发展能源互联网需要大量的信息支持和互动，需要建立一个完善的数据库和信息管理系统，使中小企业能够充分了解业务、市场发展，以及社会信息、技术信息、人才信息和法律信息等内容。开展技术改造和产品推广等活动，为中小企业提供产业化支持和信息平台建设，建立资源信息交流平台，信息数据库和技术发布平台等。

3. 鼓励外资企业投向能源互联网

一是积极引入和利用外资投入能源互联网，改造提升传统产业，并给予外商投资企业和国内平等发展的政策和条件。引导外商投资企业和国内外高校、科研院所共同开展重大产业技术研究，推动科研成果的开发利用，提升产业核心竞争力。积极承接国际高端产业转移，鼓励跨国企业建立区域总部、研究中心、采购中心、结算中心等职能机构，鼓励外商投资、兼并和收购等形式参与国有企业、民营企业的重组和兼并，实现股权多元化。二是拓宽外商投资渠道，鼓励上市公司引进外国战略投资者，实现优势互补，强强联合，有效利用外资企业扩资或技术改造，鼓励中小外资企业积极利用民间投资基金、风险投资等资金，支持政策范围内的外资企业通过证券市场融资。加强招商引资工作，利用重大投资活动，加强对外企业对接，引进主要的外商投资项目；结合河南省实际情况，根据产业基础和特点，进行产业投资，提高外资利用水平。完善投资运行机制、建立快速处置机制、考核机制和目标责任制，加强对主要外商投资项目的跟踪服务，提高谈判的签约率和开工率。三是营造良好的外商投资环境。下放外商投资项目审批，加强各级建设行政服务中心和“绿色通道”等服务方式，提高审批程序，简化审批手续，节约审批时间。逐渐推进外商投资企业的合同、章程、行政许可网上审批和许可证管理，大力推进行政管理行为。支持现有的国家开发区做强，增强吸引外资的能力；对低碳和环保行业中的外国投资项目要优先考虑，并提供相关的支持。此外，积极吸引国外高层次人才到中国投资创业，并在住房、医疗、职称评定、家庭安置等方面提供全面保障。

四、建立健全多层次资本市场体系

能源互联网的发展需要较多的资金投入。目前，还存在着投入制约，有必要建立健全多层次的资本市场体系，为能源互联网行业的发展提供充足的资金支持。

（一）建立风险投资体系

由于高风险是制约新兴产业增加科技投入的关键性因素，因此，能源互联网行业的发展需要政府加大投入，扶持其突破资金瓶颈。将能源互联网与资本市场相结合，才能充分发挥市场的作用，通过市场使资金在短期内快速融资。风险投资是指把资金投向风险较大的高新技术与产品中，加强高新技术及其产品的研究，以使高新技术及其成果能够尽快地产业化，并最终取得较高投资收益的投资行为。鼓励风投基金投资能源互联网是促进能源互联网快速发展的有效手段。

（二）设立专项投资基金

近年来，中国的创新投资基金得到了迅速的发展，但仍然没有跟上新兴产业的发展所需要的步伐，各种投资基金往往投资于稳健型的传统行业，而新兴产业领域的投资较为冷清。因此，政府有必要强化投资基金支持，设立专项资金用于支持重大关键技术突破，以及重大示范工程，以此强化能源互联网等新兴产业的发展基础。

（三）加大银行融资力度

一是充分发挥政策性银行的作用。利用国家开发银行等政策性银行的优势，开展贷款长、利率低的贷款，集中资金资源对重大攻关项目与重点投资领域开展信贷支持，尤其是对中小企业发展能源互联网提供资金支持。二是充分发挥商业银行的资金支持作用。强化政府对商业银行的指导，协调商业银行支持能源互联网行业的发展，放松信贷审批和业务创新能力限制，使更多的信贷资源投向能源互联网行业。

（四）提高证券市场融资水平

要探索债券市场创新手段，支持能源互联网行业债务融资，为企业提供资本的发展，使行业做大做强。一是支持符合条件的企业发行企业债券，公司债券，以此获得企业发展所亟须的资金。二是鼓励符合条件的企业发行中期票据等债务融资手段，并在银行之间进行融资，以缓解企业发展的短期资金问题。三是探索发行新型债券和新型融资产品，能源互联网企业募集资金，鼓励金融市场并购产品的创新，为能源互联网企业并购和发展提供资金支持。四是完善证券市场融资的风险管理机制，探索新型担保模式，实现风险分散，提升能源互联网行业投资者和债务者的信用水平。五是扩大创业板市场，为更多的能源互联网企业创造融资条件。鼓励企业充分利用国内外证券市场融资，以满足能源互联网发展的需要。

（五）积极引进民间资本投入

在加强政府对民间资本的引导和规范的基础上，提高民间资本的利用水平，扩展和吸收民间资本投入。一是清除民间资本准入门槛。当前，民间资本进入能源互联网等新兴产业还存在一些隐藏的障碍，不能使民间资本充分发挥对市场和技术的敏感性和创新能力。因此，必须清除门槛，充分利用民间资本的风险承受荷载能力，发展能源互联网；二是政策引导民资流向能源互联网产业。政府应出台相应政策措施，通过资源补偿，税收返还等方式来保护私有资本收入，使得私人投资有利可图，以提高投资积极性；三是促进民营企业的转型升级。要尊重市场规律，引导民营企业把握能源互联网发展的有利时机，提高民间资本，私人资本推动能源互联网发展的竞争力；四是优化民间投资服务。建立社会投资服务体系，设立专门的投资服务机构，提高私人投资的综合服务项目，及时提供准确，全面的投资信息，以帮助人们了解政策，技术和市场。

五、建立和完善技术创新体系

目前，河南省发展能源互联网还存在技术制约，创新力还有待进一步提高，因此，有必要构建和完善能源互联网技术创新体系，着力打造四大创新示范基地，构建四大技术创新体系，形成产学研相结合的技术创新体系，加强能源互联网专业人才队伍建设，不断提升能源互联网行业创新能力。

（一）着力打造四大创新示范基地

第一，着力打造可再生能源综合利用创新示范基地。可再生能源在能源互联网的发展中具有重要的地位，河南省各地区要因地制宜发展可再生能源。平原地区要稳步发展风电，大力发展太阳能和生物质能，扩大光伏发电规模；山地丘陵地区要重点发展水电、太阳能、风光水储一体化集成供能；城市和各中心镇要结合工业厂房、公共建筑屋顶、商业和旅游综合体等推进光伏、光热、地热能等的利用；广大农村地区要积极推进太阳能、屋顶光伏、沼气等的利用。

第二，着力打造“互联网+”智慧能源创新示范基地。加快推进河南省“互联网+”智慧能源行动计划，积极探索能源互联网发展试点，逐步实现“源—网—荷—储—用”系统协调优化。通过大数据、云技术等互联网技术率先探索智慧能源管理平台、智慧能源监测中心和智能电网综合建设工程。依托许昌学院电力系统动模实验室智能微电网、信阳师范学院 5 千瓦光伏微电网等示范项目和分布式能源示范项目，通过集成新能源、新材料、新设备，融合信息、控制、传感、储能等技术，积极探索能源互联网时代能源生产、传输、消费的新模式，实现能源智慧互联和系统优化。

第三，着力打造煤电一体化发展创新示范基地。在煤电企业长期合作的基础上，探索煤炭企业与电站定点、定量、定煤种的稳定供应模式，推进煤电一体化发展，重点推进煤电存量资产的兼并重组，坚持新增动力煤矿井煤电一体化开发，逐步形成政府监管、企业运作、市场驱动的煤电可靠供应新格局，促进煤电稳定健康发展。

第四，着力打造能源科技装备产业创新示范基地。依托河南省能源科技装备产业技术，推动产业创新升级，积极创建国家级大型风电装备产业化研发制造基地，实现储能装备、大功率风机等制造的产业化，提高全省高技术装备，重大能源装备的研发、系统成套和制造能力。

（二）加快构建四大技术创新体系

第一，加快构建清洁高效的化石能源技术创新体系。要进一步提高煤炭的开发利用效率和油气资源的采收率，加强致密气、致密油、页岩气、页岩油和煤层气等资源的高效开发，做好深水油气有效开发的关键技术及设备的研发工作，提升全省油气资源的自我供给能力。在燃煤发电领域，加强对二氧化碳低能耗、大规模捕集技术，二氧化碳驱油利用与封存技术的研究，掌握具有自主知识产权的先进超临界机组、大型ICCC机组、循环流化床机组设计制造技术，加强对低能耗大规模二氧化碳捕集工艺与设备的研发，积极开展多污染物一体化脱除技术和工艺的自主研发工作。

第二，加快构建新能源电力系统技术创新体系。加强对8~10兆瓦陆上风电机组关键技术的研究，建立大型风电场群智能控制系统和运行管理体系。突破高校太阳能电池的产业化关键技术，发展新型太阳能关键技术，持续提高光伏发电系统的能量转换效率、经济性和智能化水平。积极开展地热能利用关键技术及装置的研发工作和示范工程建设。在高比例可再生能源并网及传输领域，重点突破大型可再生能源基地和大量分布式可再生能源并网、特高压直流与柔性输电核心技术与装备等关键技术。加强智能配电与用电网络建设，促进分布式能源和多能互补式发电项目在微网中的利用，积极开展能源互联系统运营交易技术研究。

第三，加快构建战略性能源技术创新体系。从国民经济和社会发展的战略高度出发，重点加强先进高效微小型燃气轮机、重型燃气轮机、特殊领域专用燃气轮机关键技术的研发；进一步研发高能量密度特种清洁油品的制造技术，发展煤直接液化、煤衍生油等制造清洁燃料和特种油品的成套技术，研发高效低成本氢气储运技术、推动高性能低成本燃料电池发电产业化；积极开展高温超导材料基础性研究，实现超导输电、超导储能和超导电力装备的突破。

第四，加快构建能源技术装备创新体系。一是依托风电产业技术和陆上风电工程建设，提升大功率风机整机制造能力。二是依托可再生能源综合利用基地建设，重点发展高效晶体硅太阳能电池、薄膜太阳能电池及其核心设备，推动生物质能、地热能等可再生能源产业发展。三是依托清洁煤电技术研发，做强清洁煤电装备及电力成套装备产业。加快提升全省重大技术装备和高技术装备的设计、制造和系统成套水平及自主化能力，积极推动能源装备与互联网融合发展，推动产业创新升级（彭俊杰，2017）。

（三）产学研结合，促进能源互联网技术创新体系建设

产学研联合是技术创新的必由之路。河南省能源互联网技术创新体系的

构建也必须走产学研结合之路。

第一，协调好政府与企业之间的关系。政府在推进能源互联网产业产学研合作中具有重要作用，新兴产业的发展，同政府、市场和企业的共同努力是分不开的，根据新兴产业的特点，仅仅依靠企业是很难取得重大突破的，政府通过税收优惠政策，市场准入和利益分配等手段，创造一个良好的外部发展环境，为能源互联网企业的发展提供最好的服务。

第二，强化企业持续创新能力。企业是创新的主体，也具有创新的动力，经济全球化的今天，创新周期越来越短，创新速度越来越快，企业要想保持领先地位，就必须源源不断地进行技术创新，开发新产品。如果一个企业没有掌握核心技术和前沿理论，就不能保持持久的竞争力。发展能源互联网必须培育企业的持续创新能力，用政策引导企业开展技术创新，改变传统的规模生产倾向，形成创新习惯，保持创新态势。此外，还要鼓励企业加大技术研发的人力和物力投入，为发展能源互联网产业提供长久的智力支持。

第二，加强官产学研联合。通过官产学研合作，能够帮助企业提升 R&D 力度，增加 R&D 投入，形成以企业为主体，联合科研机构，高等院校，中介服务和政府机构的综合体，改变过去或依赖政府或依赖企业的不良模式，官产学研的跨部门性质，涉及到许多方面，这也是新兴产业的发展特征的，可大大缩短创新和技术改造的时间，提升科技投入的总体水平。在这种模式下，通过官产学研结合降低了银行信贷风险，可以积极发挥金融资本相互促进产业和研究的作用，解决能源互联网企业融资难的问题，有利于企业进一步扩大规模。

第四，加快科技成果产业化。技术密集型企业的一个显著特点就是其生产周期较长，即由技术转化为现实生产力的时间跨度较大，一项技术，即便再先进，起点再高，如果不能尽快实现产业化，那只能是领先了技术，却输在了产业化上。近年来，中国的科技自主创新和产业化水平不断提高，但科技成果转化率低仍然是限制产业提升的主要制约因素。因此，发展能源互联网必须充分发挥高校和科研院所的人才、技术等优势，并与接近市场、资金雄厚的企业建立起深入的联系，在此基础上各方紧密合作，加速科技成果的转化。此外，相关部门和机构要集中优势力量，对国际最新和最前沿的能源互联网领域技术发展趋势和重点进行集体攻关，用集约化和规模化的科研手段缩短科技成果转化周期。与此同时，加快建设科技成果示范园区或示范基地，通过设立能源互联网产业专项资金，支持示范基地的加速发展，加快科技成果转化。

第五，建立和完善中介服务体系。中介组织是联系和沟通政府和市场机制中各类资源的桥梁，可以有效优化创新资源的配置。因此，健全完善中介服务体系，势在必行。一方面，要通过出台优惠政策鼓励现有的中介服务组织努力提高其服务水平，不断拓展业务范围，以加快科技成果的产业化、商品化和市场化进程。另一方面，要逐步扩大中介服务组织的功能，充分发挥其在科技信息发布、创新咨询、风险投资以及创新成果转化等方面的作用。

（四）加强能源互联网产业专业人才队伍建设

人才是能源互联网产业发展的基础力量，无论是技术创新，还是企业发展都不能忽视。由于高端人才具有稀缺性，需要政府提供相关政策支持，为发展能源互联网产业提供一支数量充足、素质优秀的高端人才队伍。

第一，提高职业教育水平。积极推行订单式培养模式，根据目标企业发展需求，以就业为导向，提高职业教育的针对性和总体水平。整合现有的职业教育资源，选择适合的能源企业与职业教育基地合作，提高企业培训和职业教育的效果。提高对职业教育的资源投入力度，用财政政策手段引导企业参加职业培训，并出台政策提高社会培训的社会认可度，要求企业合理使用职工教育经费等专门费用，不断提高相关企业职工的能力建设。

第二，加强企校合作。鼓励企业通过订单培养、委托培养等途径与高校、科研机构开展全方位合作。高校和科研机构则需要搞好供需对接，按需培养人才。

第三，强化人才引进。当前人才的流动速度不断加快，从事能源互联网行业的企业必须高度重视人才引进工作。加大人才引进力度，培养和凝聚一批创新创业领军人才，尽快形成能源互联网产业的人才高地。

第四，优化人才成长的环境。通过制定完善的政策措施，营造尊重创新、激励探索等社会环境和人才培养环境，提高人才的社会地位。要健全人才表彰制度，不仅在物质上，更要在精神层面进行奖励和鼓励。此外，还应不断强化人才考核机制，促使科研人员不断创新发展，为人才提供一个广阔的发展空间，吸引和支持人才积极参与国内外先进技术交流（曹江宁，2015）。

参考文献

［1］BP. 世界能源统计年鉴 . 2017. https：//www. bp. com/zh_ cn/china. html

［2］Erol－Kantarci M，Kantarci B，Mouftah H T. Reliable overlay topology design for the smart microgrid netwok［J］. IEEE Network ，2011（5）：38－43.

［3］IEA. World Energy Outlook 2017［R］. http：//www. iea. org/weo2017/.

［4］Mohsenian－Rad A H，Wong V W ，Jatskevich J，et al. . Optimal and autonomous in centive－based energy consumption scheduling algorithm for smart grid. IEEE PES Conference Innovative Smart Grid Technologies，2010.

［5］Rifkin J. The third industrial revolution：How lateral power is transforming energy，the economy，and the world. Palgrave Macmillan Trade，2011.

［6］Rifkin. J. 第三次工业革命［M］. 北京：中信出版社，2012.

［7］SU Wen Cong，HUANG Alex Q. 美国的能源互联网与电力市场［J］. 科学通报，2016（11）：1210－1221.

［8］新华社 . "互联网+"智慧能源试点示范项目即将启动［EB/OL］.（2016－6－24）http：//news. xinhuanet. com/2016－06/24/c_ 1119107608. htm.

［9］曹红阳，王苏舰，赵源，等 . 面向智慧城市的能源互联网研究［C］. 第八届城市发展与规划大会论文集，2013：1－8.

［10］曹江宁 . 中国战略性新兴产业发展评价与路径选择研究 . 河北大学博士学位论文，2015.

［11］曹军威，杨明博，张德华，明阳阳，孟坤，陈震，林闯 . 能源互联

网——信息与能源的基础设施一体化［J］．南方电网技术，2014，8（4）：1-10.

［12］曾鸣．能源革命与能源互联网［J］．电器工业，2015，（7）：32-34.

［13］陈辉．2016年河南省互联网用户总数突破8000万大关［EB/OL］．人民网，2017-02-09. http：//henan. people. com. cn/n2/2017/0209/c363904-29689437. html.

［14］陈启鑫，刘敦楠，林今等．能源互联网的商业模式与市场机制（一）［J］．电网技术，2015，（11）：3050-3056.

［15］能源互联网研究课题组著．能源互联网发展研究［M］．北京：清华大学出版社，2017

［16］陈志恒，万可．日本智能电网的发展机制分析［J］．现代日本经济，2013（4）：35-42.

［17］崔彩凤．互联网+分布式能源开启万亿新市场［EB/OL］．（2015-9-21）．http：//www. chinahightech. com/html/paper/2015/0921/262201. html

［18］董朝阳，赵俊华，文福拴，薛禹胜．从智能电网到能源互联网：基本概念与研究框架［J］．电力系统自动化，2014（8），38（15）：1-11.

［19］杜敏．促进我国新能源供给与消费的引导机制研究［D］．华北电力大学硕士学位论文，2016.

［20］范毅．河南省政府与四家电信企业签订战略合作协议1150亿元推进“互联网+”云网协同建设网络强省［J/OL］．人民邮电报，2015-11-09. http：//www. cnii. com. cn/mobile/2015-11/09/content_ 1648643. htm

［21］冯庆东．能源互联网与智慧能源［M］．北京：机械工业出版社，2015.

［22］郭晓昱．河南省推广、利用新能源的可行性及对策研究［D］．郑州大学硕士学位论文，2005.

［23］国家统计局．中国统计年鉴2016［N］．北京：中国统计出版社，2016.

［24］何德忠，孟卫东．不确定性对 R&D 投资影响的实物期权分析［J］．科技管理研究，2008，（8）：206-208.

［25］河南能源蓝皮书课题组．河南能源发展报告（2017）［N］．北京：社会科学文献出版社．2017.

［26］河南省通信管理局. 2015 河南省互联网发展报告［EB/OL］．河南省通信管理局网站，2016-05-17.

［27］河南省统计局．河南统计年鉴 2016［M］．北京：中国统计出版社，2016.

［28］河南省政府办公厅．河南省“十三五”能源发展规划［EB/OL］．中商情报网，2017-02-04.

［29］［美］杰里米·里夫金．赛迪研究专家组译．零边际成本社会［M］．北京：中信出版社，2014.

［30］经济世界．REN21：2017 年全球可再生能源现状报告［EB/OL］．http：//www. sohu. com/a/151049901_ 810912. 2017-06-22

［31］郎一环，沈镭．我国能源节约战略研究［J］．中国人口·资源与环境，2006，16（2）：105-109.

［32］李秉芮．日本能源政策的精髓=3E+S 2016 年（第六届）国际炼焦煤资源与市场高峰论坛［EB/OL］．http：//futures. jrj. com. cn/2016/03/25180520741987. shtml.

［33］李会芳．互联网+背景下河南省现代农业发展问题研究［D］．河南师范大学硕士学位论文，2016.

［34］李淑丽．互联网+背景下能源型企业成长分析与评价研究［D］．山西财经大学硕士学位论文，2016.

［35］李雪锋，丛威，徐东．互联网经济思维模式下能源企业体制机制创新研究［J］．石油科技论坛，2016，（6）：11-15.

［36］刘敦楠等，能源互联网的商业模式与市场机制（二）［J］．电网技术，2015，（11）：3057-3063.

［37］刘振亚，全球能源互联网［N］．北京：英大传媒集团中国电力出

版社 . 2017.

［38］绿色和平组织，繁荣与衰落 2016：全球燃煤火电厂追踪. 2016. http：//news. bjx. com. cn/html/20160330/720669. shtml

［39］魏胜民，袁凯声 . 河南能源发展报告（2017）［N］. 北京：社会科学文献出版社 . 2017.

［40］钱学森 . 关于建立城市学的设想［J］. 城市规划，1985，（4）：26-28.

［41］孙宏斌，郭庆来，潘昭光 . 能源互联网：理念、架构与前沿展望［J］. 电力系统自动化，2015，（19）：1-8.

［42］孙秋野，滕菲，张化光 . 能源互联网及其关键控制问题［J］. 自动化学报，2017，（2）：44-45.

［43］王红 . 河南省战略性新兴产业发展研究［D］. 信阳师范学院硕士学位论文，2013.

［44］王剑 . 能源互联网体系构建及对策研究［J］. 科技管理研究，2016，（10）：203-209.

［45］县祥 . 日本第四次能源基本计划对我国的启示意义［J］. 西南石油大学学报（社会科学版）. 2016，18（3）：11-18

［46］新华社 . 河南 2016 年电子商务交易额突破万亿元［EB/OL］. 新华网，2017 - 01 - 22. http：//news. xinhuanet. com/fortune/2017 - 01/22/c _ 1120364290. htm.

［47］新华社 . 能源互联网建设将启动试点示范 . 新华网，2016-06-24. http：//news. xinhuanet. com/2016-06/24/c_ 129088659. htm.

［48］新华社 . 中共中央国务院关于深化体制机制改革加快实施创新驱动发展战略的若干意见［EB/OL］. 2015 - 03 - 23. http：//www. gov. cn/xinwen/2015-03/23/content_ 2837629. htm.

［49］姚建斌，邵聪聪，李奕澜 . “互联网+”时代河南省经济竞争力提升对策与发展机遇［J］. 华北水利水电大学学报（社会科学版），2016，（10）：31-34.

[50] 姚建国，高志远，杨胜春．能源互联网的认识和展望［J］．电力系统自动化，2015，(23)：9-14.

[51] 尹晨晖，杨德昌，耿光飞，等．德国能源互联网项目总结及其对我国的启示［J］．电网技术，2015，39 (11)：3040-3049.

[52] 尹晨晖，杨德昌，耿光飞，范征．德国能源互联网项目总结及其对我国的启示［J］电网技术，2015 (11)，39 (11)：3040-3049.

[53] 于宏源．美国能源互联网政策［J］．电力与能源，2016 (1) ：66-69

[54] 于慎航，孙莹，牛晓娜，赵传辉．基于分布式可再生能源发电的能源互联网系统［J］．电力自动化设备，2015，30 (5)：104-107.

[55] 张景超．全球能源互联网建设给河南电网发展带来新机遇［J］．河南电力，2016 (1)：3-5.

[56] 张世尧．能源互联网的商业模式与市场机制［J］．现代商业，2016，(8)：72-73.

[57] 张亚强．河南省绿色小水电建设发展现状［J］．河南水利与南水北调，2016，(6)：44-45.

[58] 郑嘉宝．美国、欧洲、日本智能电网发展模式分析［EB/OL］．(2016 - 5 - 26) .http：//www. qianzhan. com/analyst/detail/220/160525-ccc66f10. html

[59] 中国党政干部论坛．我国能源消费现状影响能源安全［EB/OL］．(2012-07-17) . http：//www. china5e. com/news/news-233510-1. html.

[60] 中国互联网络信息中心 . CNNIV：2016 年第 39 次中国互联网络发展状况统计报告［EB/OL］．(2017-2-6.) http：//www. southmoney. com/P2P/201702/1048178. html.

[61] 综合．能源互联网+电动汽车：引发下一轮产业风暴［EB/OL］．(2015-5-29). http：//www. cebike. com/news/html/201505/2015052911172533. htm.

后　记

《河南省能源互联网发展研究》是经济管理与现代服务业河南省协同创新中心 2017 年正式立项和重点资助的“河南省现代服务业发展”系列成果之一。河南省是人口大省、能源大省，同时也是环境污染严重、能源问题突出的大省，开展河南能源互联网方面的研究对于推动推动河南能源互联网建设是一项有价值、有意义的工作。

本项目在华小鹏和李金铠的带领下，依托河南省高等院校 3E（能源—环境—经济）研究科技创新团队完成。河南省高等院校 3E（能源—环境—经济）研究科技创新团队负责人为国家百千万人才工程人选、“万人计划”领军人才李金铠教授，核心骨干成员来自于北京大学、清华大学、中国科学院等高校和研究机构。团队长期关注和研究中国能源环境问题，取得了一系列研究成果，已经成为省内知名、国内有影响的优秀研究团队。经过一年的思考、讨论、研究和写作，本书交付出版。希望本书的出版能够对河南省能源互联网的建设起到一定的理论和经验支持。

全书的分工如下：华小鹏、李金铠负责总体设计和通稿；陈真玲、刘宗项、唐亚敏负责全书的校对工作。第一章由华小鹏、陈真玲完成，第二章由李金铠、张瑾完成，第三章由徐丽杰完成，第四章和第五章由彭慧丽完成，第六章由陈真玲、郭育艳完成，第七章由徐丽杰完成。本书的顺利完成离不开经济管理与现代服务业河南省协同创新中心领导和同事的大力支持，尤其是张啸剑博士对本书的技术部分提出了宝贵建议。在此向各位老师的付出表示衷心感谢，向关心、支持、帮助本书的同仁们表示感谢。

本书由现代服务业河南省协同创新中心、河南财经政法大学政府经济发展与社会管理创新研究中心共同资助出版，由河南省高等院校 3E（能源—环境—经济）研究科技创新团队、经济管理与现代服务业河南省特色学科群生态环境与可持续发展方团队主力完成。在写作过程中，参考和吸收了国内外的相关研究成果以及相关专家的宝贵意见，出版社编审也为本书出版付出了大量的辛苦劳动，在此一并感谢！

鉴于作者水平有限，不当之处敬请指正。

华小鹏　李金铠

2017 年 3 月